KB275117

이임복 지음

제대로 알면 돈이 되는

IT 산업 트렌드

AI, 테크부터 뉴스페이스까지,
미래를 선도하는 8가지 투자 로드맵

AI

휴머노이드

BMI

메타버스

뉴에너지

양자컴퓨터

전기차

뉴스페이스

천그루숲

“대표님, 감사합니다. 덕분에 엔비디아로 많이 벌었어요:)”

여느 때처럼 'IT 트렌드' 강의를 가던 날 아침에 받은 문자였다. 가끔 이렇게 강의를 듣고 관련 기업에 투자했다가 '수익을 봤다'는 문자를 보내주시는 분들이 있다. 나는 웃으며 '커피라도 한잔 사세요'라며 답을 보낸다. 트렌드 강의를 하다 보면 자연스럽게 기업 관련 이야기를 많이 하게 되는데, 강의가 끝날 즈음에는 꼭 이런 질문이 나온다.

“강사님, 그래서 이 회사 주식은 괜찮을까요? 아니면 괜찮은 회사 추천 좀 해주세요.”

그럴 때마다 나는 늘 이렇게 답한다.

“투자는 본인의 몫이에요. 저는 투자 전문가가 아니어서 산업의 흐름 정도만 말씀드릴 수 있습니다.”

그러다 어느 날, 문득 이런 생각이 들었다.

'내 이야기를 듣고 수익을 보는 사람들이 많은데, 나는 왜 제대로 투자를 하고 있지 않지?'

실제로 그랬다. 대학 때부터 주식을 공부해 투자를 시작했으니, 이미 투자 경력만 따지면 20년이 넘는다. 물론 그렇다고 주식으로 많은 돈을 벌었느냐 하면, 그건 또 아니다. 주식을 처음 시작할 때는 모두가 그랬듯 나 역시 차트를 읽고, 기업분석을 철저히 하며 자주 사고팔았다. 그러다 일이 바빠지면서 펀드만 몇 개 들어갔을 뿐 적극적인 투자는 하지 않고 있었다.

나는 기업을 대상으로 트렌드 강의를 하는 사람이다. 내 강의의 핵심은 '세상의 흐름을 읽는 것'이다. 올해는 어떤 일이 있었고, 내년엔 어떤 산업이 괜찮은지, 그리고 그 이후에는 이런 일이 있을 것 같으니 조직과 기업에서 전략을 세울 때 참고해야 한다고 조언한다. 개인들에게도 이런 산업의 흐름을 이해할 필요가 있다는 것을 꾸준히 강조해 왔다.

그런데 정작 나는 내 강의와 투자를 연결할 생각은 하지 않았었다. 그러다 수강생의 문자를 받고부터 시장의 흐름을 살피기 위해 조금씩 '정찰병'을 보내기 시작했다. 본격적인 투자를 하기 전, 일단 한두 주만 투자해 흐름을 확인하는 식이었다.

전기차가 대세가 될 거라는 건 누구나 예상할 수 있었다. 2021년 테슬라가 우리나라에 '모델 Y'를 정식으로 출시하며 시장을 공략하기 시작했을 때 '이제는 투자해도 되겠다'는 생각에 조금씩 산 테슬라 주식이 지금도 100%가 넘는 수익률을 보이고 있다.

메타버스가 주목받던 시기, VR과 AR 기기의 대중화가 조만간 다가올 거라는 예상이 팽배했다. 언젠가 오는 게 확실하다면 메타버스 플랫폼을 만드는 기업에 투자하는 게 좋겠다고 생각했다. 그 당시 엔비디아의 CEO 젠슨 황은 "Metaverse is coming"이라고 선언했다. 엔비디아의 미래를 확신하며 정찰병을 보냈고, 그 정찰병의 수익률은 지금도 1,500%를 오르내리고 있다. 내 인생 최고의 수익률이지만, 아쉽게도 '본대'를 보내기 전 이미 너무 올라버렸다.

물론 언제나 승전보만 있었던 것은 아니다. 2022년 '아르테미스 프로젝트'와 '우크라이나 전쟁'을 보며 앞으로 10년은 '뉴스페이스(우주산업)'와 관련된 사업이 유망할 것이라 보고, 국내 우주 관련 기업 몇 곳에 투자했다. 하지만 수익률은 기대만큼 좋지 않았다. 다만 좀 더 편안한 마음으로 투자한 '우주·방산 ETF'는 80%에 가까운 수익률을 보이고 있다.

이런 과정을 겪으며, 언젠가는 한 번 내 생각을 정리해야겠다고 마음먹었다. 그러다 결정적으로 최근에 두 가지 질문을 받으며 책을 써야겠다는 결심을 했다.

첫 번째 질문은 다음과 같다. "대표님, 지금 AI 버블이라는데 투자해도 괜찮을까요? 어떤 종목을 사면 좋을까요?"

누구도 코스피 4천 시대가 올 거라고 예상하지 못했다. 게다가 삼성전자의 주가가 10만 원을 돌파하자 나만 빼고 다 돈을 버는 것 같고, 나만 남겨지는 것 같아 마음이 흔들린다. 그제야 투자를 결심하지만, 어떤 종목을 사야 할지 몰라 불안하기만 하다.

두 번째 질문은 이렇다. "대표님, 그런데 왜 아마존이 데이터센터를 해요? 아마존은 이커머스 회사잖아요?"

누구에게는 너무 기본적인 지식일 수 있지만, 사실 아주 중요한 질문이기도 하다. 사람은 누구나 자신이 속한 분야의 일에는 전문가지만, 다른 산업에는 관심이 없다. 이 질문을 들으며 '특정 기업에 대해 잘 아는 것도 중요하지만, 전체 산업이 어떻게 흘러가는지 일단 이해하는 게 더 중요하겠구나'라는 생각이 확신이 되었다.

그렇다면 어떻게 시작하는 게 좋을까?

결론부터 말하자면 개별 종목에 투자하면 불안하지만, 산업의 흐름을 이해하고 투자하면 마음이 훨씬 편하다. 게다가 산업 전체에 투자할 수 있는 가장 좋은 방법인 'ETF(상장지수펀드)'가 있으니 누구나 쉽게 시작할 수 있다. 물론, 높은 수익률을 좇는 사람에게는 이 답이 시시하게 들릴 수도 있다. 하지만 미래 성장가치가 있는 산업의 ETF에 중심을 두고, 개별 종목에는 소액만 투자하는 전략은 어떨까? 이왕 하는 투자라면 마음 편한 투자를 권하고 싶다.

이 책은 이런 분들을 위한 책이다.

투자는 하고 싶은데 복잡한 것은 싫고, 하루 종일 주식 창만 쳐다보며 단타를 하고 싶은 마음도 없고, 시간이 걸려도 좋으니 지속적으로 마음 편한 투자를 하고 싶은 사람을 위한 책이다. 그래서 이 책에서는 '다음 주에 오를 종목'을 알려주지 않는다. 또 '당장 어떤 종목을 사야 하는가' '어떤 주식에 투자해야 하는가' '언제 팔아야 하는가' '차트는 어떻게 읽어야 하는가'와 같은 내용도 없다. 그런 확실한 답이 있다면, 나도 제일 먼저 알고 싶다.

이 책에는 이런 내용이 담겨 있다.

앞으로 10년, 시장을 주도할 '돈이 되는 IT 대표 산업'에 대한 이야기를 담았다. AI, 반도체, 휴머노이드, 양자컴퓨터, 뉴스페이스 등 테크 산업이라고 하면 거창해 보이지만, 사실 우리가 매일 사용하는 모든 것에 이미 수많은 IT 기업들이 관련되어 있다. '앞으로 검색 시장이 어떻게 될지' '챗GPT로 시작된 AI가 어디까지 가게 될지' 등 미래 산업은 어떤 기업들이 이끄는지에 대한 전반적인 이야기를 담았다.

지금 당장 계좌를 개설해 투자하고 싶겠지만. 무슨 일에나 준비 과정은 필요하다. 마음이 급한 사람들을 위해 이미 유명한 투자의 대가들은 이렇게 조언해 왔다.

"일단 우량주 몇 종목을 산 다음, 수면제를 먹고 몇 년간 푹 자라."

- 앙드레 코스톨라니

"이해하지 못하는 사업에는 절대 투자하지 마라."

- 워런 버핏

"잘 아는 분야의 기업에만 투자하라. 그게 아니면 건드리지 마라."

- 피터 린치

이 말이 옳다. 일단 '제대로 알아야 투자할 수 있고, 그래야 흔들리지 않는다.' 지금부터 함께 IT 산업의 대표 트렌드를 살펴보고, 앞으로 어떻게 변화될지를 읽어보자. 기업이 아닌 산업을 보고, 산업의 흐름에 맞춰 투자해 보자. 이 책이 여러분에게 IT 산업의 흐름을 이해하고 지속가능한 투자로 나아가는 첫 번째 기초지식이 되길 바란다.

이임복

차 례

PART 1

종목이 아닌 산업에 투자하라

PART 1

종목이 아닌 산업에 투자하라

1

이제 더 이상
'만약에'는 없다

투자의 세계에서 가장 경계해야 하는 말 중 하나는 '만약에'이다. "만약에 그때 그랬더라면…"이라는 말에는 언제나 후회가 따라오게 되는데, 후회해 봤자 변하는 건 없기 때문이다. 과거가 아니라 지금 이 순간을 냉정하게 바라보고 판단을 내려야 하는 이유다. 그런데 이게 참 쉽지 않다. 그동안 있었던 대표적인 투자의 기회들을 돌아보고, 이제는 미련 없이 내려놔 보자.

놓쳐버린 코인 투자 기회

첫 번째 '만약에'의 순간은 비트코인이다. 매년 5월 22일을 '비트코인 피자데이Bitcoin Pizza Day'라고 부른다. 왜냐하면 2010년 5월 22일, 잊을 수 없는 전설적인 사건이 벌어졌기 때문이다. 이날 미국의 프로그래머 라슬로 핸예츠는 비트코인으로 피자 두 판을 샀다. 비트코인이 아직 '가상화폐'로 자리 잡기 전의 일이었다. 누구나 참여만 하면 쉽게 비트코인을 얻을 수 있는 시기였다. 문제는 이렇게 얻은 비트코인을 쓸데가 없었다. 라슬로 핸예츠는 '누구든 피자 두 판만 주면 비트코인을 주겠다'고 게시판에 글을 올렸고, 누군가가 진짜 피자를 가져다줬다. 비트코인을 이용한 첫 실물거래였다. 피자 두 판에 지불된 비트코인은 무려 1만 개였다. 2025년 시세로 환산하면 1조 원이 넘는 금액이다. 만약에 이때 피자를 사지 않았더라면? 당사자라면 정말 끔찍한 일이다.

그런데 우리의 경험도 이와 다르지 않다. 우리나라에 비트코인 거래소가 생기기 시작했을 때, 어떤 곳인지 궁금해 설명회를 찾아간 적이 있었다. 뒷자리에 앉아 설명을 듣다가 '이게 말이 되나?' 고개를 갸우뚱했다. 그러다 잠깐, '그래도 혹시 모르니 100만 원어치만 사볼까?' 하는 생각을 잠시 했었다. '하 …' 만약에 타임머신을 타고 그때로 돌아갈 수만 있다면, 그 순간 나의 멱살을 붙잡고 "지금 당장 사! 무조건 사!"라고 외치고 싶다. 당신도 그렇지 않은가?

그 후에도 몇 번의 기회는 있었다. 비트코인이 1천만 원을 넘어가고, 5천만 원을 찍고, 떨어졌다가 다시 1억 원을 넘어섰다. 기회는 계속 있었다. 하지만 당신도 나도 사지 못했다.

국민주와 급등주 사이에서

이번에는 주식 이야기를 해보자. 수많은 종목 중에서도 '국민주'라 불리는 주식이 있다. 경기가 좋을 때 사면 더 좋고, 나쁠 때 사도 좋다. 이 회사가 망한다는 것은 우리나라가 망하는 것과 같다고 한다. 어떤 주식일까? 나도 가지고 있고, 당신도 가지고 있는 '삼성전자'다.

모두가 힘들었던 IMF 외환위기 당시 삼성전자의 주가는 3만 원 정도였다. 하지만 1999년에는 무려 27만 원을 돌파했다. 역시 우리를 배신하지 않는 '믿음의 삼성'이었다.

또 한 번 저력을 발휘한 건 2008년 미국발 금융위기, 소위 리먼 브라더스 사태 때다. 2008년 10월 27일, 삼성전자의 주가는 장중 403,000원까지 떨어졌다. 하지만 2009년부터 반등이 시작되며, 1월 40만 원대였던 주가는 9월에 80만 원대까지 오르며 200% 가깝게 상

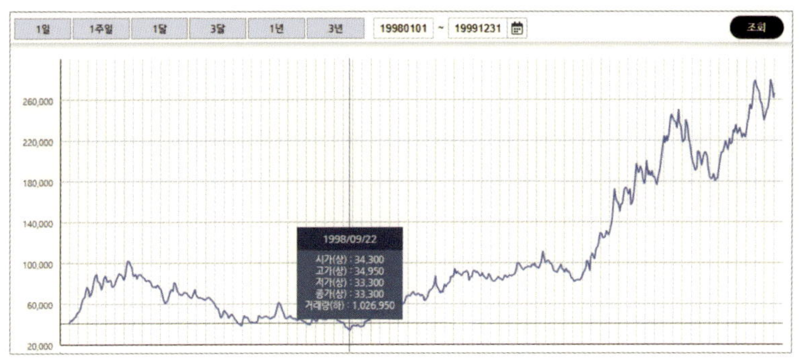

삼성전자 주가 추이 (1998.01.01. ~ 1999.12.31.)　　　　　(한국거래소)

삼성전자 주가 추이 (2008.01.01. ~ 2009.12.31.)　　　　　　　　　(한국거래소)

승했다. 이쯤 되면 '믿음의 삼성'이라는 별명이 괜히 붙은 게 아니다 (참고로 2025년 11월 10만 원대를 돌파했는데, 이는 2009년 9월 83만 원에서 폭락한 게 아니다. 2018년 1월 액면가 5,000원에서 100원으로 낮추는 50대1 액면분할이 있었기 때문이다).

이제 최근의 상황을 보자. 2022년 말 세상을 완전히 뒤바꿔 놓은 '챗GPT'가 등장했다. 이때 AI에 대한 이해가 빠르고, 촉이 좋으며, 배팅할 만한 자신감이 있는 사람들이 투자한 종목이 있다. 바로 엔비디아NVIDIA다. 혹시 당신은 엔비디아 주식을 가지고 있는가? 아니면 함께 상승했던 SK하이닉스는 어떤가? '그때 엔비디아를 샀더라면…' '그때 하이닉스를 샀더라면…' 이런 생각은 끝이 없다.

하지만 냉정히 생각해 보자. 그때로 돌아가도 우리는 아마 사지 못했을 것이다. 왜냐하면 우리는 항상 사야 할 이유보다 사지 말아야 할 이유를 먼저 생각하고, 그 이유가 확신이 되기를 기대하기 때문이다. 마치 신포도를 보며 입맛만 다시는 여우와 같다. 한참 엔비

엔비디아 주가 추이

SK하이닉스 주가 추이

본문에 나오는 주가 차트는 'Google 금융'과 '네이버 증권'을 활용했다.

디아의 주가가 고공행진을 할 때 주식투자를 하지 않는 사람들이나 사지 못한 사람들은 이렇게 이야기했다.

"곧 떨어질 거야. 계속 오르는 주식이란 있을 수 없어."

조금이라도 떨어지면 이렇게 말했다.

"거봐. 내 말이 맞지. 계속해서 오르는 게 쉽지 않다니까. 큰일 날 뻔했어."

이런 식으로 기회를 흘러보냈다.

주식투자에 기회는 있는 걸까?

이번에는 시장을 읽고 어떤 산업에 대한 붐이 일어나기 시작했을 때 야수의 심장으로 투자에 나섰다고 생각해 보자. 2021년은 2차 전지 열풍이 불었던 때다. LG에너지솔루션의 상장IPO이 있었고, 2023년에는 에코프로와 에코프로비엠이 대장주로 급등했다.

에코프로비엠의 주가는 2021년 초 4만 원대에서 2023년 7월 40만 원을 넘어섰다. 하지만 이후 지속적으로 하락해 2025년 초에는 9만 원대까지 떨어졌다가 2025년 말에는 15만 원대에 머물고 있다.

하늘 높은 줄 모르고 오르던 2차 전지 열풍은 왜 갑자기 식은 걸까? 거시적으로는 전기차 수요 둔화가 직접적인 원인이었다. 이는 우리나라만의 문제가 아니라 전 세계적인 흐름이었다. 여기에 중국 배터리 기업들의 시장점유율이 늘어난 것도 영향을 끼쳤다. 결과적

    Part 1. 종목이 아닌 산업에 투자하라

에코프로비엠 주가 추이

으로 뒤늦게 뛰어든 개인들은 큰 손해를 봤다.

2025년 들어 상반기부터 주식시장에 훈풍이 불기 시작했다. 새롭게 출발한 정부는 코스피 5000 시대를 선언했다. 여기에 올라탔던 사람들은 불과 4개월 만에 40%에 가까운 상승을 맛봤다. '이제라도 뛰어들까'라며 뒤늦게 뛰어든 사람들은 조정장에 화들짝 놀라 '아, 역시 난 주식은 아닌가 봐'라며 절망하기도 했다.

그렇다면 도대체 어떻게 해야 하는 걸까? 언제 어떻게 투자해야 하는 걸까? 기회가 왔을 때 무조건 사야 할까, 아니면 조금 더 기다려야 할까?

뒤늦게 2차 전지 열풍에 뛰어들었다면 더 큰 손해를 봤을 수도 있고, 이때 방향을 바꿔 AI 관련 주식에 투자했다면 큰 수익을 얻을 수도 있었다. 이처럼 시장의 흐름에 따라 돈을 벌기도 하고 잃기도 한다면 앞으로 우리는 어떤 기준으로 판단해야 할까?

2

투자 전 3가지 마음가짐
흔들리지 않는 중심 잡기

혹시 시장을 움직이는 '보이지 않는 손'이 있는 걸까? 누군가 시장을 조정하고, 작전을 짜고, 흐름을 만들어 내는 걸까? 어린 시절에는 그런 것이 절대 없다고 생각했지만, 주식 리딩방이나 코인 리딩방, SNS 속 수많은 승전보들을 보면 정말 그런 게 존재하나 하는 생각도 든다. 하지만 이건 내가 설명할 수 있는 부분도 아니고, 우리가 가야 할 길도 아니다.

앞서 말했듯이 이 책은 투자 기법을 알려주는 책이 아니다. 나는 시장을 읽는 사람이지, 투자 전문가가 아니다. 다만 오랫동안 트렌드를 관찰하며 시장에 참여해 온 한 사람으로서, 지금 이 책에서 꼭 전하고 싶은 세 가지 투자의 마음가짐이 있다.

'이건 내 몫이 아니다'라고 생각하자

투자를 하다 보면 언제나 남의 수익이 커 보인다. '그때 샀으면 나도 몇 배는 벌었을 텐데…' '그 종목을 왜 나한테는 안 알려줬을까?' 하지만 이런 생각이 쌓일수록 우리는 '내가 놓친 기회'에만 매달리게 된다. 그러니 이렇게 마음을 정리하자.

'그건 내 몫이 아니야.'

누군가가 코인으로 큰돈을 벌었다는 이야기를 들으면 '좋겠다. 하지만 그건 내 몫이 아니야'라고 생각하자. 누군가가 특정 주식에 투자해 단기간에 엄청난 수익을 올렸는데, 내가 전혀 모르는 분야의 주식이었다면 '그건 내 몫은 아니야'라고 생각하자. 내가 잘 모르는데 투자해서 돈을 벌었다면 그건 운일 뿐이다.

어느 날 운 좋게 코인이 올라 하루만에 100만 원을 벌어서 팔았는데, 다음 날 그 코인이 두 배가 됐다면? 그때도 '그 추가수익은 내 몫이 아니야'라고 생각해야 한다. 이렇게 마음을 다스리면, 후회 대신 냉정하게 투자할 수 있다.

여윳돈으로 투자하자

너무 당연한 말이지만, 동시에 가장 지키기 어려운 원칙이다. 여윳돈으로 해야만 여유 있는 판단을 할 수 있다.

주식의 대가들이 늘 강조하는 말이 바로 이거다. 물론 전업투자자들은 다른 전략을 세워야겠지만, 본업이 있는 대부분의 직장인들은 반드시 여윳돈으로 투자해야 한다. '이번에 한 방에 벌어보자'는 마음으로 전 재산을 투자하면 하루하루 주가에 마음이 흔들리고, 조금의 하락에도 공포가 찾아온다. 반대로 여윳돈으로 투자하면 시장을 객관적으로 볼 수 있고, 길게 보는 눈이 생긴다. 투자는 단기가 아닌 장기전이다. 긴 호흡으로 여유를 가지자. 급하면 실수하게 되고 나이가 들수록 한 번 넘어지면 일어나기 힘들다.

시장을 보는 눈을 키우자

가장 중요한 마음가짐이다. 시장을 보는 눈을 키워야 한다. 다른 사람들의 말에 휘둘리지 않기 위해서는 내가 스스로 판단할 수 있어야 한다. 그런데 스스로 판단하고 결정을 내리지 못하는 가장 큰 이유는 '확신'이 없기 때문이다. 확신이 없는 이유는 '모르기' 때문이며, 모르는 이유는 '공부하지 않았기' 때문이다. 반대로 시장을 보는 눈이 있고, 여윳돈으로 투자하며, 큰 욕심을 가지지 않는다면 느리지만 꾸준히 성장하는 투자자가 될 수 있다.

3

성장의 길목을 잡아라
산업의 흐름에 베팅하자

"태풍의 길목에 서면 돼지도 하늘을 날 수 있다."

멋진 말이다. 이 말은 샤오미의 회장 레이쥔이 한 말로 '시대의 흐름(태풍)을 잘 읽으면 누구라도 그 힘을 빌려 성공할 수 있다'는 의미다. 여기서 가장 중요한 단어는 '길목'이다. 태풍이 오는 길목을 볼 수 있는 눈을 가지면 거기에 서 있을 수 있다. 레이쥔은 바로 이 '길목'을 잘 읽어낸 인물이다. 샤오미는 언제나 새로운 변화와 혁신이 일어날 때 그 길목에 있었다. 스마트폰의 시대가 오자 스마트폰용 UI를 만들었고, 전기차의 시대에는 전기차를 생산해 판매하고 있다. 이런 샤오미의 행보를 알기에 더 믿음이 가는 말이다.

1999년 개봉했던 영화 〈매트릭스〉에서는 '길을 아는 것과 걷는 것은 다르다'라는 말이 나온다. 우리 주위에도 미래로 가는 길을 확실히 읽고 거기 서 있을 뿐 아니라 이미 걷고 있는 기업들이 있다. 우리가 트렌드를 제대로 읽고 이런 기업들을 발견해 투자한다면 단기 시세에 흔들리지 않는 '믿음 있는 장기투자'가 가능해진다.

메타버스와 AI, 두 개의 길목

2021년, 전 세계에 메타버스Metaverse 열풍이 불었다. 이때 수많은 기업들이 "앞으로 우리는 가상현실에서 살아가게 될 것"이라고 외쳤다. 심지어 페이스북은 회사 이름을 META로 바꾸며 "5년 안에 메타버스의 선두기업이 되겠다"고 선언했다. 하지만 시장의 반응은 싸늘했다. 2022년 초 331.79달러였던 메타의 주가는 같은 해 12월 123.49달러로, 약 62%나 폭락했다. 투자자들에게는 악몽 같은 한 해였다.

그런데 2023년 들어 반전이 일어났다. 메타의 주가가 빠르게 회복되어 2023년 말 353달러, 2025년 8월에는 785달러까지, 불과 2년도 안 되어 저점 대비 6배 가까이 상승했다. 도대체 무슨 일이 있었던 걸까?

그 답은 바로 '길목'에 있다. '메타버스'라는 흔들리지 않는 미래로 가는 길목을 메타(페이스북)가 걸어가기 때문이다. 메타버스는 반짝 나온 이슈가 아니라 오래도록 성장해 나가는 산업이다. 코로나 시기에 갑작스럽게 관심을 받았던 일부 기업들과 서비스들이 사라졌을

메타 주가 추이

뿐, 가상현실·메타버스라는 트렌드 자체는 없어지지 않는다. 이 길 위에서 메타는 매년 꾸준히 VR 기기(메타퀘스트)와 AR 안경(레이밴 글래스)을 내놓으며 시장을 선도해 나가고 있다.

물론 메타의 주가 회복과 상승에 메타버스만 있는 것은 아니다. 메타는 또 하나 중요한 길목을 걷고 있다. 바로 인공지능AI이다. 그리고 AI 분야는 메타 외에도 엔비디아, AMD, 인텔, 삼성전자, SK하이닉스와 같은 기업들 모두 그 길을 걷고 있다.

우리는 이들이 서 있는 곳이 어디인지, 어디로 가는지 그 '길목'을 잡아야 한다.

희미한 길과 또렷한 길 읽기

미래로 가는 길이 모두 선명한 건 아니다. 이미 확연하게 눈에 띄는 '또렷한 길'도 있고, 아직 너무 먼 미래이기에 걷는 길조차 안개 속인 '희미한 길'도 있다.

예를 들어 언젠가 인류가 화성에 도시를 건설할 수도 있다. 하지만 그건 너무 먼 미래이기에 눈에 들어오지 않는다. 이 미래를 향해 길을 걷는 기업들이 있지만 아직은 너무 멀기만 하다. 이것이 '희미한 길'이다. 반면, 매일 뉴스에 오르내리는 챗GPT를 비롯해 하루가 멀다 하고 나오는 새로운 AI, 일선 공장에 투입되기 시작한 휴머노이드 로봇, 초저궤도에서 서비스되는 위성 인터넷 등은 확실하고 눈에 바로 보인다. 그렇기에 이 길에서 걷고 있는 기업들 역시 명확히 보인다. 이게 '또렷한 길'이다.

이 두 가지 길을 모두 읽고, 희미한 길 위에 있는 성장 중인 산업과 또렷한 길 위에 있는 이미 성장하고 있고 더 크게 성장하는 산업에 투자해야 한다. 너무 늦거나 너무 빠르지 않게 길목에 서 있을 수 있다면 우리도 하늘을 날 수 있지 않을까?

물론 돼지가 하늘을 나는 태풍의 길목에도 위험은 있다. 그래서 우리는 하늘을 날기 전, 단단한 안전망을 먼저 만들어야 한다. 산업 자체에 확실한 믿음이 있더라도, 안정적으로 성장하는 게 분명해 보이더라도 갑자기 코로나와 같은 변수가 올 수 있기 때문이다. 2차 전지의 경우에도 분명 앞으로 성장하는 사업인 것은 분명하지만, 중국의 물량 공세나 전 세계적인 전기차 시장의 축소라는 악재가 오는 것까지 자세히 예측하는 것은 불가능하다. 그렇기에 안전망의 구축 은 필수다.

단단한 안전망, ETF에 주목하자

그렇다면 우리는 어떻게 안전망을 구축할 수 있을까? 이런 고 민을 하는 사람들을 위해 쉽지만 조금은 느린 투자가 있다. 바로 ETF **Exchange Traded Fund**(상장지수펀드) 투자다. ETF는 하나의 종목이 아니라, 10~20개 이상의 관련 기업을 '장바구니처럼 묶어 투자'하는 방식이다. 그래서 바구니 안의 한두 종목이 떨어져도 다른 종목이 오르면 장바구니는 평균을 맞춰서 성장해 나간다. 다만 개별종목에 투자하는 위험성이 줄어드는 만큼 수익률도 줄어드는 단점이 있다.

예를 들어 'AI 산업이 성장할 것 같지만, 어떤 종목을 살지 모르겠 다'면 AI 관련 ETF를 사면 된다. 리스크는 줄고, 시장 전체의 흐름은 함께 따라갈 수 있다. 투자의 신 워런 버핏도 2013년 버크서 해서웨 이 연례 주주서한에서 아내의 신탁을 운영할 사람에게 '현금의 10% 는 단기국채에, 나머지 90%는 S&P500 인덱스펀드에 투자하라'고 조 언할 정도로 ETF는 초보자에게도, 숙련자에게도 가장 편하고 안전 한 투자 수단이다.

ETF, 산업을 읽는 가장 쉬운 교과서

정말 믿을 수 있는 조언일까? 예를 들어보자. 메타버스 산업과 관련해 대표적인 ETF였던 '라운드힐 볼 메타버스 ETF **Roundhill Ball Metaverse ETF**'는 2022년 말 -52%까지 하락했지만, 2025년 8월 기준 28%까지 회복했다. 이것이 가능한 이유는 ETF 안의 구성종목이 시장 변화에 맞춰 꾸준히 조정되기 때문이다(하지만 국내 ETF는 좀 다르다. 'TIGER Fn메타버스'의 경우 상장 초기에 비해 2025년 10월 기준으로 여전히 -20% 정도에서 회복하지 못하고 있다. 이는 해외 ETF와 국내 ETF가 구성한 종목의 차이 때문으로 볼 수 있다).

우리도 이제 ETF에 관심을 기울여보자. ETF는 단순한 투자상품이 아니라, 그 자체로 산업의 흐름을 보여주는 지도다. ETF에 직접 투자하지 않더라도, 그 안에 어떤 기업들이 담겨 있는지를 살펴보는

라운드힐 볼 메타버스 ETF 주가 추이 및 구성종목

TIGER Fn메타버스 주가 추이 및 구성종목

것만으로 지금 세상을 움직이는 산업이 무엇인지, 어떤 기업들이 중심에 서 있는지 알 수 있다. ETF는 '산업을 읽는 가장 쉬운 교과서'다. 만약 당신이 그 안에서 흐름을 읽을 수 있다면 좀 더 편안한 투자를 할 수 있다.

                    Part 1. 종목이 아닌 산업에 투자하라

4

잘 아는 분야에서 시작하라
전문성과 관심사에서 기회를 찾자

"이해하지 못하는 사업에는 절대 투자하지 마라."

"자신이 알고 있는 분야에 투자하라."

워런 버핏과 피터 린치의 조언이다. 두 거장의 조언을 한 문장으로 요약하면 '항상 잘 아는 분야에서 시작하라'가 아닐까 싶다.

나의 전문성을 투자에 활용하자

당신이 반도체 업계의 종사자라면 신제품 개발 일정, 공급망 이슈, 원자재 가격의 미묘한 움직임 등 다른 누구보다 빠르고 정확하게 업계 소식을 알 수 있을 것이다. 그렇다면 이 소식을 투자에 활용해 보는 건 어떨까? 이건 비공개 자료나 회사의 중요정보를 가지고 투자하는 내부자거래와는 다르다. 자신이 몸담고 있는 산업을 객관적으로 이해하고 해석하는 능력을 투자에 연결하는 것이다.

예를 들어 '삼성전자가 엔비디아에 HBM을 공급하기로 했다'는 뉴스가 나왔을 때, 대부분의 사람들은 곧바로 '삼성전자 주식을 사야겠다'고 생각한다. 하지만 업계 종사자라면 공급 일정이 실제 매출로 연결되기까지 얼마나 시간이 걸릴지, 그 과정에서 어떤 변수가 생길지 냉정하게 판단할 수 있다. 이렇게 자신의 전문분야에서부터 투자를 시작해 보자.

좋아하는 것에서 기회를 찾자

그렇다면 직장인이 아니거나, 특정 산업에 있지 않다면 어떻게 해야 할까? 답은 의외로 간단하다.

'내가 좋아하는 것에서 기회를 찾자.'

예를 들어보자. 2012년 출시된 삼양식품의 불닭볶음면은 지금도 전 세계적인 K-푸드 열풍의 주역이다. 삼양식품의 매출은 2022년 9,090억 원에서 2024년 1조 7,280억 원으로 거의 두 배 가까이 성장했고, 주가 역시 2022년 종가 기준 127,000원에서 2024년 759,000원, 그리고 2025년 9월 기준 1,616,000원으로 약 1,200% 상승했다. 만약 2022년 12월 말에 삼양식품 주식을 매수했다면 약 12배의 수

삼양식품 주가 추이

익을 올릴 수 있었다.

그런데 나는 왜 삼양식품을 사지 않았을까? 아쉽게도 불닭볶음면이 너무 매워 관심을 두지 않았기 때문이다. 조금만 더 'K-컬처'와 'K-푸드'의 흐름에 주목했더라면 삼양식품뿐 아니라 관련 기업들까지 눈에 들어왔을 것이다. 하지만 후회는 없다. 좋아하는 분야를 깊이 들여다보는 것이 곧 시장의 흐름을 읽는 가장 좋은 시작점이라는 것을 알고 있기 때문이다.

5

시장을 읽는 3가지 힘
관찰, 질문, 그리고 검증의 습관

나와 같은 실수를 반복하지 않기 위해, 더 나아가 시장의 흐름을 제대로 읽기 위해서는 세 가지 힘이 필요하다. 바로 '관찰' '질문' 그리고 '검색과 검증'이다. 이 세 가지는 투자뿐 아니라 어떤 일을 하더라도 반드시 도움이 되는 힘이다.

관찰하기

관찰은 '주변에 대한 관심'에서 시작된다. 하지만 우리는 대부분의 시간을 손안의 작은 화면 속에서 보낸다. 스마트폰이 신체의 일부가 되었기 때문이다. 그래서 나는 하루에 잠깐이라도 억지로 스마트폰을 내려놓는 시간을 만든다. 적어도 길을 걸을 때나 커피 한잔을 마시는 잠깐 동안은 폰을 내려놓고 주변을 돌아본다. 그러면 눈에 보이는 것들이 있다.

예를 들어 운동화를 하나 살 때가 됐다. 이번에는 어떤 걸 사볼까? 다른 사람들은 어떤 운동화를 신을까? 고민하고 관찰하다 보면 보이기 시작하는 것들이 있다. 카페에서 사람들의 신발을 유심히 보면 예전에는 보이지 않던 브랜드들이 눈에 들어온다. 신발 옆에 구멍이 뚫려 있거나 옆면에 HOKA라고 크게 적힌 운동화도 있다. 예전에는 나이키와 아디다스밖에 모르던 세상에 다른 것들이 보이기 시작한다.

질문하기

관찰했다면 이제는 질문을 던질 차례다. '저건 어떤 브랜드지?' '어느 나이대 사람들이 많이 신을까?' '나이키와 비교하면 매출이나 점유율은 어떻지?' 등 다양한 질문을 던져보자.

이렇게 질문을 던지는 순간, 단순히 '보는 사람'에서 '생각하는 사람'이 된다. 많은 질문을 던지며 투자 아이디어를 구체화해야 한다.

검색하고 검증하기

질문을 던졌다면 이제 답을 찾아야 한다. 예전엔 구글이나 네이버에 물어봤지만, 이제는 생성형 AI가 훨씬 빠르고 정확하게 도와준다. 검색을 해서 답을 찾는 동안 또 다양한 질문이 생각난다.

"밑창에 구멍이 뚫린 신발 브랜드가 뭐지?"

AI는 'On(온러닝, On Holding)'이라는 브랜드라고 알려준다.

"어디에 상장되어 있을까?"

AI는 미국 증시에 상장된 기업이며, 최근 주가 흐름과 매출 전망도 바로 알려주겠다고 한다. 이 정보를 본 후 다시 질문한다.

"지금 이 회사 주식을 사도 될까?"

"마라톤 시장은 계속 성장할까?"

이렇게 검증의 단계를 거치면서 우리는 감(感)이 아닌 데이터에 기반한 판단을 내릴 수 있게 된다.

'관찰' '질문' '검색과 검증'의 세 가지 단계 중 가장 중요한 건 단연 '관찰'이다. 관찰을 해야만 질문이 시작되기 때문이다. 그래서 나는 오래전부터 노트를 가지고 다니며 꾸준히 메모를 해왔다. 스마트폰의 시대가 되면서는 '구글 킵**Google Keep**'을 이용해 새로운 것들을 발견할 때마다, 관심 가는 게 생길 때마다 사진을 찍고 한 줄 메모를 남기고 있다. 이렇게 10년 이상 쌓인 습관과 메모가 나에게 힘이 되어줄 거라 믿었고, 현실이 되었다.

이 글을 읽는 독자 여러분들도 잠깐 폰을 내려놓고 관찰부터 시작해 보자. 이를 통해 투자의 기회를 발견하고 적절한 질문이 떠오르는 경험을 해보자. 직접 보고 생각하고 나서 질문을 던져야지, 처음부터 AI에게 '어떤 종목에 투자하면 좋을까?'라고 의지하지 말자. 그렇게 추천받은 종목은 확신이 없기에 불안하다.

PART 2

앞으로 10년, 미래를 선도하는 산업에 투자하라

트렌드 워커의 관점에서 본 8가지 미래 키워드

　학자들마다 미래에 대한 예측도, 시기도 다 다르다. 미래학자 레이 커즈와일은 인공지능AI의 발전 속도가 기하급수적으로 빨라져, 2045년경에는 인류 지능의 총합을 뛰어넘는 초인공지능 Superintelligence이 출현하는 시점, 즉 '기술적 특이점'에 도달할 것이라고 말했다. 이때가 되면 인간은 영생에 가까운 삶을 누릴 수 있게 된다는데 정말일까? 솔직히 모르겠다. 앞으로 다가오는 미래가 유토피아일지 디스토피아일지는 더더욱 모르겠다. 하지만 우리가 알지 못함에도 불구하고 우리는 매일매일 미래를 향해 가고 있다. 그러니 이왕이면 어떤 일이 벌어지는지 조금이라도 알아두어야 대응할 수 있지 않을까? 투자를 위해서도 사업을 위해서도 일상생활에서도 꼭 필요한 일이다.

앞으로 10년을 이끌 8가지 IT 키워드

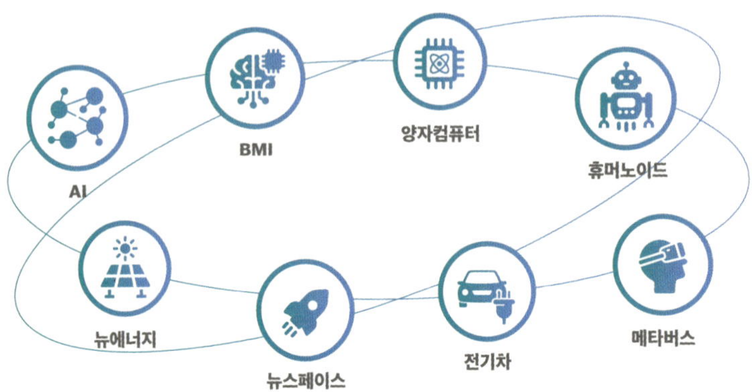

(1) AI Artificial Intelligence

언제 어디서나 AI와 함께하는 일상이 온다. 딱히 AI인지 아닌지를 생각할 필요도 없이 생활과 업무 모든 곳에 인공지능이 자리 잡게 되며, AI가 없는 삶은 인터넷이 없는 삶과도 비슷해진다.

(2) 휴머노이드 Humanoid

AI와 결합된 휴머노이드가 우리와 함께 생활하게 된다. 업무에서는 비서로, 가정에서는 집사로, 일과 생활 모든 곳에서 함께하게 된다.

(3) BMI Brain-Machine Interface

뇌에 나노 단위의 초소형 컴퓨터 칩이 이식되는 미래다. 이를 통

해 인간 지식이 업그레이드되어 치매 등 뇌와 관련된 병을 이겨낼
수 있게 된다.

(4) 메타버스 Metaverse

현실과 가상이 혼합되는 혼합현실의 세계가 온다. 누구나 일상생
활 속에서 스마트폰을 들고 다니듯 AI 안경(스마트글래스)을 착용하
는 시대가 오고 있다. 2021년 메타버스에서 시작된 흐름이 2025년
이후 메인스트림으로 커지고 있다.

(5) 뉴에너지 New Energy

인공지능을 비롯한 IT 기술의 발전은 더 많은 전력을 필요로 한
다. 이에 따라 새로운 에너지를 공급하는 기술과 저장하는 기술, 재
활용하는 기술 등 새로운 에너지의 시대가 오고 있다.

(6) 양자컴퓨터 Quantum computing

현재의 컴퓨터보다 몇백 배 빠른 양자컴퓨터의 시대가 온다. 그
렇게 되면 우리가 사용하고 있는 컴퓨터 세상은 완전히 달라지게 된
다. 현재의 컴퓨터는 Bit 단위이기 때문에 컴퓨터와 관련된 모든 장
비 역시 Bit에 맞춰져 있다. 따라서 양자컴퓨터의 등장은 단순히 '양
자컴퓨터의 시대가 왔다!'가 아니라 전체 패러다임의 변화를 동반하
는 것이다.

(7) 전기차 Electric Car

전기차의 시대가 더 빠르게 오고 있다. 시기의 문제일 뿐 내연기관차들은 모두 전기차로 대체될 게 분명하다. 이를 넘어 인간이 운전하는 비율은 50%도 되지 않는 자율주행의 시대로 가고 있다.

(8) 뉴스페이스 New Space

우주산업의 시대, 다시 인간이 달로 가는 시대. 달 자원뿐 아니라 초저궤도 인공위성을 통해 언제 어디서나 더 빠르게 인터넷으로 연결되는 세상이 시작됐다. 이 시장의 승자는 로켓 기술을 가진 기업들이다. 우주 전쟁이라고 해도 좋을 정도로 우주산업을 두고 패권경쟁이 시작되고 있다.

이외에도 미래를 이끌 트렌드들은 많이 있다. 하지만 IT와 관련된 핵심 미래는 위에서 언급한 8가지로 정리할 수 있다. 중요한 건 이 미래들이 하나씩 올 수도 있고, 한 번에 모든 것을 빠르게 바꿀 수도 있다는 점이다.

지금 당장 여기서 적어놓은 한두 줄의 설명만으로 각 키워드들이 이해되지 않을 수도 있다. 괜찮다. 지금부터 각 키워드들이 의미하는 미래와 이를 주도하는 글로벌 기업과 국내 기업에 대해 함께 살펴보려 한다.

독자 여러분들이 이 책을 읽는 시기에 따라 각 기업의 주가는 변동했을 것이고, 또는 없어지거나 새롭게 등장한 기업들도 있을 수 있다. 하지만 걱정하지 않아도 된다. 기업들은 교체되더라도 산업의 방향은 바뀌지 않는다. 그것이 바로 '산업의 이해'다.

1장

AI

인공지능과 함께 살아가는 시대

1

AI 기초 이해하기

2022년 11월 말, 챗GPT의 등장과 함께 우리는 '인공지능 뉴 노멀의 시대'에 들어섰다. 다시는 예전으로 돌아갈 수 없다. 그러기에 이 변화를 'GPT 모멘트**GPT Moment**'라고 부른다.

AI 관련 기초 용어 이해하기

AI는 Artificial Intelligence(인공지능)의 약자로, 인간이 만든 인공적인 지능을 말한다. 그런데 요즘은 생성형 AI**Gen AI**라는 표현을 더 자주 쓴다. 여기서 Gen은 Generative의 약자로, 인공지능이 텍스트·이미지·음악·영상 등을 스스로 '생성'할 수 있음을 의미한다.

(1) 생성형 AI - LLM

오픈AI의 챗GPT나 구글의 제미나이 Gemini 같은 생성형 AI는 LLM Large Language Model(대규모 언어모델)을 기반으로 한다. LLM 이전의 인공지능들은 문장이 길어지면 앞의 말을 잊어버리거나 짧은 대화만 가능했다. 하지만 AI가 수많은 데이터를 학습해 그 안의 패턴을 바탕으로 이야기할 수 있게 되며, '사람이 쓴 것처럼' '사람처럼' 소통이 가능해졌다.

(2) 반도체 Semiconductor

반도체는 전기를 '반쯤' 통하게 하는 물질로, 전류가 흐르는(켜진) 상태와 흐르지 않는(꺼진) 상태를 스위치처럼 조절할 수 있다. 스위치를 올리면 불이 켜지고, 내리면 꺼지는 원리와 같다. 전류가 흐르면 '1', 흐르지 않으면 '0'으로 구분하며, 이 1과 0의 조합이 디지털 세상을 이루는 기본 단위인 '비트 bit'다. 우리가 사는 세상을 비트 컴퓨터의 세상이라고 하는 건 이 때문이다. 이 단순한 원리를 바탕으로 CPU, GPU 등 각종 연산장치가 만들어지고 제어된다.

(3) CPU Central Processing Unit

'중앙처리장치'라는 뜻으로, 컴퓨터의 중앙에서 모든 명령을 내리는 역할을 한다. 새 폴더를 만들거나 음악을 재생할 때 CPU는 메모리나 GPU 등 다른 장치에 명령을 내려 실행을 담당한다.

스마트폰에서는 AP Application Processor라고 부르는데, CPU보다 큰 개념이다. CPU, 그래픽, 메모리 등 다양한 기능들이 통합되어 있으며, 퀄컴의 스냅드래곤, 삼성의 엑시노스, 애플의 A칩이 대표적이다.

(4) GPU Graphics Processing Unit

'그래픽 처리장치'라는 뜻으로, 본래는 영상·이미지 작업에 특화되어 빠른 연산을 수행하도록 만들어진 장치다. GPU는 여러 작업을 동시에 처리할 수 있는 병렬구조parallel processing로 설계되어 있어, 인공지능 시대의 핵심부품으로 자리 잡았다.

CPU는 내려진 명령이 여러 개일 때 순차적으로 처리하는데 반해, GPU는 수천 개의 연산을 동시에 진행할 수 있다. 이런 병렬처리 방식 덕분에 과거 열흘 이상 걸리던 작업을 이제 5~6일이면 끝낼 수 있게 되었다.

(5) HBM High Bandwidth Memory

'고대역폭 메모리'라는 뜻으로, 2023년부터 SK하이닉스의 HBM 기술이 글로벌 시장에서 큰 주목을 받았다(덕분에 주가는 고공 행진했다). HBM은 GPU가 데이터를 더 빠르게 처리할 수 있도록 옆에서 보조하는 '고속 메모리칩'이다. 쉽게 말해 GPU 옆에서 속도 향상을 돕는 비서 같은 역할을 한다.

(6) 나노 nm

반도체 공정을 이야기할 때 흔히 '3나노' '5나노' 같은 표현을 사용한다. '나노'는 나노미터nanometer의 줄임말로, 1나노는 10억분의 1미터(1nm = 0.000000001m)를 뜻한다. 이는 눈으로는 볼 수 없을 만큼 작은 단위다. 이 수치는 전류가 흐르는 회로 선폭의 크기, 즉 트랜지스터 간격을 의미하며, 숫자가 작을수록 더 정밀하게 전류를 제어할 수 있고, 같은 면적에 더 많은 트랜지스터를 배치할 수 있다.

최근에는 '나노'가 실제 물리적 길이보다는 공정 세대의 이름처럼 사용되고 있다. 현재 가장 앞선 기술은 3nm 공정이고, 2026년 2nm 양산을 준비 중이다.

2

AI, 미래의 삶을 바꾸는 소통의 힘

생성형 AI의 핵심은 '소통'이다. 챗GPT 이전에도 시리**Siri**, 빅스비 **Bixby**, 기가지니**GIGA Genie**, 알렉사**Alexa** 같은 다양한 인공지능들이 주목받았다. 하지만 문제가 있었다. '손안의 비서' '집안의 비서'라고 이야기했지만, 정작 그 비서들은 우리와 쉽게 소통하지 못했다. 그런데 챗GPT가 등장한 후 모든 것이 달라졌다. 무엇을 물어봐도 무엇이든 대답해 주는 '소통이 가능한 AI'와 함께하는 세상이 열렸다.

모든 기계와의 대화가 시작되다

인공지능과 소통이 가능하다는 건 어마어마한 일이다. AI는 '소프트웨어'이기 때문에, 거의 모든 디지털 기기 속에 들어갈 수 있다. 즉, 세상 모든 기계와 대화할 수 있는 세상이 시작된 것이다.

예를 들어보자. 출근길에 운전석에 앉자마자 차량 내 인공지능이 이렇게 말한다. "앞바퀴의 공기압이 부족합니다" 예전에는 경고등이 뜨면 인터넷을 검색해 해결해야 했었다. 이제는 "어떻게 해야 해?"라고 묻는 순간, AI가 바로 "근처 정비소를 예약해 드릴까요?"라고 되묻고 답할 수 있게 된다.

회사에서도 마찬가지다. 고객과 상담을 하다가 "잠시만 기다려주세요"라고 말하지 않아도 된다. 업무용 AI가 실시간으로 고객의 질문 요약과 답변 자료를 정리해 화면에 띄워주기 때문이다.

집에 돌아오면 현관 불이 자동으로 켜지고, AI 비서가 "오늘도 수고 많으셨어요"라는 인사와 함께 오늘의 뉴스, 날씨, 저녁 메뉴까지 대화로 이어간다. 이런 일들은 이미 현실이 되어가고 있다.

그 이후의 미래는 우리의 상상력에 달려 있다. 지금보다 더 좋은 미래가 될 수도 있고, 소설 《1984》 속 빅 브라더처럼 감시와 통제를 강화하는 존재가 될 수도 있다. 확실한 건 'AI와 함께 살아가는 미래'는 이미 정해져 있다. 이제 남은 것은 그 속도의 문제, 그리고 우리가 그 변화를 어떻게 활용하느냐이다. 조금 더 빠르냐 느리냐의 문제일 뿐이다.

이제 현재로 와보자. 앞으로도 성장이 확실시되는 생성형 AI 시대, 우리는 어떤 산업과 기업에 주목해야 할까?

3

누가 'AI' 시장을
주도하는가?

챗GPT가 작동하는 방식을 생각해 보자. 사용자는 앱을 설치하거나 웹사이트 **chatgpt.com**에 접속해 채팅창에 질문을 입력하면 즉각 답을 얻을 수 있다. 하지만 '엔터'를 누르는 순간, 그 뒤에서는 어마어마한 일이 벌어진다. 우리가 입력한 문장은 인터넷 회선을 타고 바다 건너 거대한 AI 데이터센터로 이동한다. 그곳에서는 수천 개의 GPU가 동시에 작동하며 답변을 만들고, 이 결과는 다시 지구 반 바퀴를 돌아 우리에게 온다. 이 GPU를 더 빠르게 움직이게 하기 위해서는 HBM(고대역폭 메모리)이 필요하고, 이 모든 시스템을 가동하기 위해서는 막대한 전력과 냉각 설비가 필요하다. 우리에게는 단순한 대화 한 줄이지만, 그 뒤에는 AI, 반도체, 클라우드, 전력 인프라가 유기적으로 연결되어 있는 것이다.

아주 간단하게 정리했지만, 이제 각 단계에서 어떤 기업들이 이 생태계를 주도하고 있는지 하나씩 살펴보자.

AI 플랫폼 기업

생성형 AI는 거대한 데이터를 학습한 알고리즘이다. 이를 만들기 위해서는 누군가가 막대한 양의 데이터를 입력해 학습시켜야 하고, 그 결과물은 거대한 모델 형태로 작동한다. 그럼, 자체적으로 생성형 AI를 연구해서 만들어 내는 대표적인 기업을 알아보자.

(1) 오픈AI OpenAI - 챗GPT

챗GPT를 만든 기업으로, 2015년 12월에 설립되었다. '모두에게 안전한 AGI Artificial General Intelligence(인공일반지능)를 제공한다'는 비전을 가지고 있다. 2019년부터 마이크로소프트MS가 전략적 파트너로 참여했으며, 2022년 11월 말 챗GPT(GPT-3.5)를 공개하며 생성형 AI 시대를 이끌었다.

2025년 10월 기준 로이터 보도에 따르면, 오픈AI의 기업가치는 약 5,000억 달러(약 700조 원)로 평가받고 있다. 오픈AI는 아직 비상장사로, 2027년 상장을 목표로 하고 있다.

오픈AI에 주목해야 하는 이유는 생성형 AI 시장의 선두주자로 이미지·영상 생성, 실시간 음성 대화 등 계속해서 새로운 이슈들을 던지며 시장을 이끌어가고 있기 때문이다. 게다가 2025년 초에는 아이폰을 디자인했던 조나단 아이브의 회사 아이오**io**를 9조 원에 인수하며, GPT를 단독 실행할 수 있는 단말기 개발, 광고 제휴 등 다양한 신규 수익모델도 만들어가고 있다.

특히 주목해야 할 것은 스타게이트 프로젝트**Stargate Project**이다. 이는 미국 내외에 초대형 데이터센터를 짓는 프로젝트로, SK하이닉스·삼성전자 등 국내 대기업들과 제휴를 맺기도 했다. AI의 성장 속도가 인프라 확장 속도와 직결된다는 점에서 반드시 주시해야 할 움직임이다.

(2) 구글**Google** - 제미나이**Gemini**

챗GPT가 AI 시장을 열었다면, 구글의 제미나이는 그 뒤를 바짝 추격하고 있다. 구글은 이미 2016년 알파고와 구글 어시스턴트, 2021년의 LaMDA(람다) 등으로 AI 분야에서 경쟁력을 보여왔다. 2023년 3월에는 챗GPT와 유사한 대화형 모델 Bard를 공개했으나, 답변 오류로 구글의 지주회사인 알파벳의 주가가 7.6% 넘게 폭락하기도 했다. 하지만 그해 12월, 완전한 멀티모달 AI인 제미나이를 선보이며 시장 분위기를 반전시켰다. 제미나이는 처음부터 텍스트뿐 아니라 이미지·음성·영상까지 동시에 이해하는 AI로 설계되었다.

구글의 가장 무서운 점은 '안드로이드 생태계'에 쉽게 녹아들 수 있다는 점이다. 제미나이는 이미 안드로이드폰에 기본 탑재되기 시작했고, 구글의 웹 브라우저인 크롬에도 통합되었다. 게다가 구글은

알파벳 주가 추이

가장 강력한 자금력을 보유하고 있다. 생성형 AI 산업은 이제 누가 더 많은 돈을 투자해 업그레이드하고, 새로운 서비스를 만들어 내야만 하는 '현금 소진Cash Burn' 단계에 들어섰다. 단기 수익보다 생태계 확대를 중시하는 이 게임에서 구글은 절대로 지지 않을 것이다.

(3) 메타Meta - LLaMA

메타 역시 생성형 AI에 진심인 회사다. LLaMA Large Language Model Meta AI는 메타가 공개한 오픈소스 대규모 언어모델이다. 다른 모델과 달리 누구나 자유롭게 사용할 수 있어, 이를 기반으로 한 챗봇, 문서 요약기, AI 스토리 서비스 등 다양한 파생 서비스가 등장했고, 또

 Part 2. 앞으로 10년, 미래를 선도하는 산업에 투자하라

등장하고 있다.

우리나라에서 LLaMA가 비교적 덜 알려진 이유는 챗GPT처럼 누구나 이용해 볼 수 있는 사이트가 없기 때문이다. LLaMA를 사용하기 위해서는 페이스북이나 인스타그램과 연동해야 하는데, 한국은 아직 서비스 지역 제한으로 사용할 수 없다.

LLaMA는 '메타 레이밴 글래스**Meta Ray-Ban Glass**'와 같은 웨어러블 기기와 결합해 실시간 번역, 이미지 인식, 다양한 궁금증에 대해 바로 물어보고 답변받을 수 있는 AI 비서 기능도 수행한다. 한마디로 메타는 LLaMA를 자신들의 생태계에서 주로 사용하면서도 오픈소스로 공개해 시장을 키우고 있다. 오픈소스 모델은 사용자가 늘수록 생태계가 커지고, 네트워크 효과**Network Effect**가 강하게 작동한다. 메

메타 주가 추이

타가 노리는 것은 바로 이런 '확장성'이다.

(4) 마이크로소프트 Microsoft - 코파일럿 Copilot

MS의 AI 브랜드는 코파일럿이다. 2023년 2월 검색엔진 Bing에 챗봇 기능을 넣으며 본격적으로 등장했고, 이후 MS365의 부가기능으로 들어와 워드·파워포인트·엑셀 등에서 사용할 수 있게 되었다.

MS의 코파일럿은 다른 회사들에 비해 시장에서 주목받지 못하는 것처럼 보이지만, 사실 누구보다 강력한 무기를 가지고 있다. 바로 윈도우 Windows 와 오피스 Office 생태계의 압도적 점유율이다. 2023년 9월 윈도우11 업데이트에서 작업표시줄 하단에 'Copilot' 아이콘이 고정으로 들어갔다. 덕분에 '비전' 기능을 실행하면 지금 보는 모니터

마이크로소프트 주가 추이

의 화면을 함께 공유해서 코파일럿에게 실시간으로 질문을 던지고 답을 받을 수 있다. 앞으로는 업데이트를 통해 "와이파이를 연결해 줘" "홍대에서 찍은 사진으로 PPT를 만들어 줘" 같은 구체적인 명령만으로 개인 PC 안의 다양한 파일과 프로그램들을 실행해 결과까지 만들어 내는 AI가 될 것으로 기대된다.

(5) 퍼플렉시티 Perplexity

'검색에 가장 강력한 AI는 무엇일까?'라는 질문에 빠지지 않고 1위를 차지하는 AI가 있다. 바로 퍼플렉시티다. 2022년, 오픈AI 출신 연구원 아라빈드 스리니바스가 공동 창업한 스타트업으로 '세계 최초의 대화형 검색엔진'을 목표로 했고, '검색을 통한 신뢰할 수 있는 지식'을 비전으로 가졌다.

2024년 기준 월간 1억 이용자를 돌파했으며, 기업가치는 200억 달러(약 27조 원) 이상으로 평가된다. 아직 비상장사이지만 2025년 8월, 애플에서 인수를 검토 중이라는 말이 나올 정도로 시장에서 주목받고 있다. 2025년 7월에는 독자적인 코멧 Comet 브라우저를 공개했고, 10월부터 일반사용자들도 무료로 사용할 수 있게 했다. 코멧 브라우저는 웹 검색은 물론 구글 캘린더 내용 확인, 특정 사이트에서 자료를 확인한 후에 그 내용을 바탕으로 구글 문서에 글 작성하기, 사용자를 대신해 아마존에서 쇼핑하기 등의 복잡한 일을 시킬 수 있는 '어시스턴트' 기능을 제공한다.

(6) 앤트로픽 Anthropic - 클로드 Claude

앤트로픽은 2021년 오픈AI 출신 연구원들이 만든 회사로, 강력한 AI가 아닌 '인간의 의도를 더 잘 이해하고 안전하게 응답하는 AI'를 목표로 설립했다. 2023년 이후 아마존·구글 등으로부터 대규모 투자를 받았으며, 2025년 기준 기업가치는 약 1,830억 달러(약 270조 원)로 평가된다. 2026년 상장을 준비 중이다.

클로드는 특히 코드 작성, 문서 분석 등 구조화된 작업에 강한 모델로 평가받는다. 2024년 10월 'Computer Use' 기능을 통해 사용자의 명령을 실제 프로그램 실행으로 연결하는 에이전트 Agent 개념을 제시했고, 같은 해 MCP Model Context Protocol이라는 표준 프로토콜을 공개해 AI가 외부 프로그램과 안전하게 통신할 수 있는 기반을 마련했다. 이후 주요 AI 기업들도 저마다의 MCP를 설계해 적용하기 시작했다. 2025년 10월에는 최신 모델인 Claude Sonnet 4.5를 출시하며, 이 모델이 최대 30시간 이상 연속으로 자율 작업을 수행할 수 있다고 발표했다.

(7) xAI - 그록 Grok

그록은 일론 머스크가 설립한 xAI에서 개발한 생성형 AI다. 2023년 11월 첫 공개 당시에는 X(트위터)의 유료 사용자들만 쓸 수 있었으나, 2024년 하반기부터 별도 웹사이트를 통해 일반 사용자도 이용할 수 있게 되었다. 테슬라 차량은 물론 테슬라의 휴머노이드 로봇 '옵티머스 Optimus'와 연동 예정이다.

일론 머스크의 성격처럼 그록은 처음부터 유명인의 합성 사진을 거침없이 생성했고, 냉소적인 대화가 가능했다. 심지어 2025년 중순에는 'Spicy'라는 이름으로 성인용 대화까지 가능하게 했다.

(8) 국내 생성형 AI 기업

우리나라 역시 생성형 AI 경쟁에 빠르게 뛰어들었다.

대기업군으로는 SKT의 에이닷**A.**, KT의 믿음**Mideum**, LG의 엑사원 **EXAONE**, 삼성SDS의 브리티 코파일럿**Brity-copilot**, 네이버의 하이퍼클로바-X 등이 있다.

스타트업과 중소기업군로는 업스테이지**Upstage**, 뤼튼테크놀로지스, 트웰브랩스, 코난테크놀로지, 페르소나AI, 마음AI 등이 있다. 이

코난테크놀로지 주가 추이

중 코난테크놀로지와 마음AI는 상장사로, 각각 AI 문서 분석과 피지컬 AI(하드웨어 결합형 AI) 분야에서 주목받고 있다. 페르소나AI는 GPU 없이 CPU로 작동하는 온디바이스**On-device** AI로 차별화되어 있다.

생성형 AI 산업은 분명 성장성이 높지만, 궁극적으로는 소수의 글로벌 대기업 중심으로 재편될 가능성이 크다. 따라서 투자에 앞서 기술력을 기준으로 시장 변화와 빅테크 AI 기업들의 움직임을 종합적으로 고려해야 한다.

반도체 설계기업(팹리스)

GPU 같은 칩들이 동작하기 위해서는 누군가는 그 칩을 '만들어야' 한다. 그렇다면 반도체 칩을 만드는 회사는 어디일까? '엔비디아!'라고 답했다면 틀렸다. 엔비디아는 칩을 설계**design**하는 회사지, 직접 공장을 가동해 생산하지는 않는다.

이처럼 반도체를 설계하는 회사를 팹리스**Fabless**라고 한다(여기서 Fab은 'Fabrication(제조공장)'의 약자다). 팹리스 기업은 반도체 칩을 설계만 하고, 생산은 외부(파운드리)에 맡긴다. 대표적인 반도체 설계기업으로는 엔비디아, AMD, 인텔 등이 있다.

(1) 엔비디아 NVIDIA

이 분야의 '탑'은 단연 엔비디아다. 1993년 젠슨 황이 설립했고, CPU가 아닌 병렬처리 방식의 GPU(그래픽 처리장치)에 집중했다. 1999년 세계 최초의 GPU로 평가받는 지포스 GeForce를 출시하며 새로운 시대를 열었다. 특히 1999년은 화려한 그래픽이 중요해지던 시기다(스타크래프트, 리니지 등 게임 전성시대가 이때다). 개인들은 새로운 게임을 하기 위해 개인 컴퓨터를 업그레이드해야 했고, PC방은 지포스를 대거 구입해 모든 컴퓨터를 업그레이드해야만 했다. 그리고 AI의 시대가 된 지금, 또 많은 기업들은 엔비디아의 블랙웰 Blackwell 아키텍처를 기반으로 한 'GB200 그레이스 블랙웰 슈퍼칩'을 구매하기 위해 줄을 서고 있다(블랙웰 아키텍처-설계방식, 즉 블랙웰이라는 설계방식을 통해 만들어진 차세대 GPU를 통칭하여 '블랙웰 GPU'라고 한다. GB200 그레이스 블랙웰 슈퍼칩, B100, B200 GPU 등이 여기에 포함된다).

블랙웰은 AI 및 고성능 컴퓨팅 분야에 혁신을 가져온 차세대 GPU이다.

엔비디아의 대대적인 주가 상승에는 4번의 순간이 있었다.

첫 번째는 2012년, 딥러닝의 전환점이다. 2012년 AI계의 전설인 제프리 힌튼 교수와 제자들로 이루어진 토론토대학교 연구진이 ImageNet 대회(주어진 이미지가 어떤 사물인지 AI가 맞추는 대회)에서 AlexNet 모델로 오차율을 크게 낮추며 우승한다. 이 연구진이 사용한 칩이 엔비디아의 Geforce GTX 580 2장이었다. 인공지능 연구의 핵심이 CPU에서 GPU로 넘어가는 순간이었다.

두 번째로 주목받았던 때는 2017~2018년, 암호화폐 채굴 붐이 일었을 때다. 코인을 채굴하기 위해서는 복잡한 연산을 반복해야 하는데, GPU가 쓰이기 딱 좋은 시점이었다. 수많은 개인과 기업들이 코인 채굴에 엔비디아의 고성능 GPU를 쓰기 시작하며 품귀 현상이 발생해 가격이 2~3배까지 뛰기도 했다.

세 번째는 메타버스가 등장한 2020년이다. 코로나 기간 동안 메타버스가 주목받았을 때, 엔비디아는 옴니버스Omniverse라는 플랫폼을 공개했다. 이를 통해 현실의 거의 모든 것들을 '디지털 트윈'으로 구현해 시뮬레이션할 수 있게 되며, 많은 기업들이 비용절감과 효율성을 얻을 수 있었다. 스마트시티, 자율주행, 휴머노이드 로봇에 이르기까지 엔비디아는 지금까지도 플랫폼 기반의 영향력을 행사하고 있다.

마지막은 2022년 하반기부터 시작된 GPT 시대다. 챗GPT의 등장으로 인공지능의 시대가 도래했고, 데이터센터용 GPU 수요가 급증하며 엔비디아는 시가총액 글로벌 1위에 오르게 되었다.

엔비디아 주가 추이

　이러한 변화는 끊임없이 상승한 엔비디아의 주가로 확인할 수 있다. 2012년 엔비디아의 연말 종가는 0.28달러였다. 2017년 암호화폐 폭등기에는 4.78달러로, 2012년 대비 약 17배 상승했다. 2021년 메타버스 시대에는 연말 기준 29.36달러로, 2012년 대비 100배 이상 상승했다. 2022년 말 AI 시대를 맞으며 2025년에는 주당 180달러를 넘어섰다. 만약 2012년 0.28달러로 매수했다면 지금(2025년) 수익률은 약 64,000%(640배)에 달한다. 1,000만 원을 투자했다면 64억 원이 넘은 것이다. 어마어마한 수익률이다.

(2) AMD Advanced Micro Devices

엔비디아의 가장 강력한 경쟁자이자 대항마 중 하나는 AMD다. AMD는 1969년 미국 캘리포니아에서 설립된 오래된 회사로, CPU의 최강자 인텔과 경쟁하며 CPU로 성장했으나 2006년 GPU 전문기업 ATI를 인수하며 GPU에 본격적으로 뛰어들었다. 하지만 이렇게 긴 역사에도 불구하고 해마다 시장점유율은 떨어지고 침체는 계속됐다.

AMD의 전환점은 엔비디아의 젠슨 황처럼 유명한 리사 수_{Lisa Su}의 영입이다. 2014년 리사 수의 CEO 취임 후 '고성능 컴퓨팅'에 집중하며 CPU, GPU 모두에 과감히 투자했고, 2017년 Ryzen 시리즈를 출시하며 고속 성장을 시작했다.

엔비디아의 대항마로 AMD를 주목하는 2가지 이유가 있다.

첫째는 가성비다. 엔비디아에 H100이 있다면 AMD는 Instinct MI 시리즈가 있다. 2023년 12월에 공개된 MI300 시리즈는 엔비디아보다 출시 시점은 늦었지만 3배가량 저렴한 가격 경쟁력과 전력 효율을 내세우고 있다.

둘째는 소프트웨어 툴킷 ROCm Radeon Open Compute이다. 엔비디아의 압도적인 시장 지배력 뒤에는 CUDA가 있다. CPU에서 GPU 방식으로 프로그래밍하려면 전용 툴킷이 필요한데, 수많은 개발자들이 엔비디아 CUDA에 익숙하다 보니 이걸 바꾸기는 어렵다. 마치 한글HWP에 익숙한 사람들이 어느 날 갑자기 워드Word를 사용하려면 적응하기 어려운 것과 같다. 덕분에 엔비디아는 AI 반도체 시장점유율이 80~90%에 이른다. 아직 시장점유율은 적지만 AMD도 ROCm

AMD 주가 추이

이라는 소프트웨어 툴킷을 가지고 있다. 오픈소스로 공개되어 누구나 코드를 보고 수정할 수 있고 CUDA에서 쉽게 넘어올 수 있는 코드 변환도 지원하고 있다.

2014년 12월 종가 기준 2.65달러였던 AMD의 주가는 2025년 11월 246달러까지 오르며 약 9,000%(90배) 이상 상승했다.

(3) 인텔 Intel

다음으로 주목할 회사는 '인텔'이다. 사실 올드 보이들에게는 인텔만큼 선명하게 기억에 남아있는 회사도 드물다. 1991년부터 꾸준하게 'Intel Inside'라는 광고를 시작했고, 데스크탑과 노트북에는 'Intel Inside'라는 스티커가 붙어있었다(이 스티커를 붙이면 판매사들은 5%가량의 라이센스비를 할인받을 수 있었다).

　인텔은 전설이었다. 1968년 창립 이후 오랫동안 반도체 매출 1위를 지키며 '반도체 제국'이라 불리기까지 했다. 하지만 제국은 스마트폰 시대로의 전환기에서 무너지기 시작했다. 스마트폰(모바일)의 핵심인 AP에서 뒤쳐졌기 때문이다(PC에서는 CPU를 쓰지만 모바일에서는 발열과 전력효율이 좋은 AP를 사용한다). 2010년대 초 Atom 시리즈로 반전을 노렸지만 제조단가·호환성·효율 문제로 2016년 공식 철수했다. 여기에 인텔 CPU를 사용하던 애플이 2020년부터 자체 칩인 애플 실리콘**Apple Silicon** M1, M2로 전환하기 시작하며 인텔에 쐐기를 박았다.

　하지만 AI 시대를 맞아 GPU가 부상하며, 인텔 역시 반등을 시도했다. 2024년 6월 컴퓨덱스(아시아 최대 규모의 정보통신기술 박람회)에서 'AI Everywhere'를 선언하며 AI 반도체 시장에 뛰어들었다. 같은 해 9월에는 가우디 3**Gaudi 3**라는 이름의 AI 가속기를 공개했다. 이 제품은 엔비디아의 절반 가격에 뛰어난 성능을 강조하며 IBM과 델 등 빅테크 기업과 공급계약을 맺었다.

　여기에 또 하나 반등을 가져온 건 트럼프 정부의 등장이다. 2025년 8월 트럼프 행정부는 CHIPS 및 과학법에 따라 인텔에 배정되었던 잔여 보조금 57억 달러와 '안전한 격리' 프로그램으로 할당된 32억 달러를 투자해 총 89억 달러(약 13조 원)로 인텔의 보통주 4억 3,330만 주를 매입해 지분 약 10%를 인수하며 대주주가 되었다. 이를 계기로 인텔은 사실상 국영기업이라 해도 좋을 것 같다.

인텔 주가 추이

이후 소프트뱅크그룹이 20억 달러의 주식 취득 계약을 맺었고, 엔비디아 역시 50억 달러를 투자하며 '인텔의 재도약 가능성'이 부각되고 있다.

인텔의 주가는 2025년 8월 트럼프 행정부의 지분 인수 발표 후 50%가량 상승한 상태다. 미국의 상징이기도 한 인텔 제국이 무너질지 복귀할지 투자자 관점에서 지속적으로 관심을 가져야 한다.

(4) 구글, MS, 아마존, 오픈AI 등 자체 칩 트렌드

반도체 설계 부문에서 대표 기업인 엔비디아, AMD, 인텔을 살펴봤다. 여기서 알 수 있듯 엔비디아의 독주는 정말 두렵기까지 하다.

데이터센터는 AI 시장을 선점하기 위해 AI 반도체를 확보해야 하는데, 엔비디아는 비싸고 AMD와 인텔은 저렴하지만 경쟁력이 떨어진다. 그래서 데이터센터 3대장인 구글, MS, 아마존은 물론 오픈AI와 메타 역시 자체 칩 개발을 통해 비용·성능·공급망 리스크를 관리하며 엔비디아 의존도를 줄이려고 노력하고 있다.

구글은 2016년 TPU를 발표하고, 2018년부터 구글 클라우드를 통해 고객에게 제공하고 있다. 특히 2025년 말 어마어마한 성능을 선보인 제미나이 3를 TPU로 학습시켰기에 더 놀라웠다. 아마존 역시 Trainium과 Inferentia(트레이니엄, 인퍼런시아)를 각각 2018년과 2021년 공개하고 활발히 사용 중에 있다(2025년 12월에는 트레이니엄3를 공개했다). 트레이니엄은 AI 모델을 훈련**Training**시키는 칩이고, 인퍼런시아는 추론**Inference**에 특화된 칩이다. MS는 2023년 Maia 100을 공개하고, 2026년부터 상용화를 계획하고 있다. 메타 역시 2023년 MTIA를 공개한 후 내부에서 적용 중이며(2024년에는 2세대 MTIA를 공개했다), 2026년 양산을 목표로 하고 있다. 오픈AI는 아직 명쾌하게 밝히지는 않았지만 2025년 초 칩 설계를 마무리하고 2026년부터는 대량 생산할 예정이다.

이처럼 반도체 설계 부분만 해도 치열한 왕좌의 게임이 이어지고 있다. 엔비디아뿐만 아니라 관련 기업들의 발표에 주의를 기울여야 한다. 이제, 이들이 설계한 칩을 실제로 생산(제조)하는 기업들을 살펴보자.

반도체 제조기업(파운드리)

AI 반도체를 설계한 회사들의 도면대로 반도체를 위탁받아 생산하는 회사를 '파운드리 **Foundry**'라고 한다. 즉, 설계는 팹리스가 하고, 제조는 파운드리가 맡는 구조다. 최근 AI 반도체 시장에서는 설계와 더불어 제조 능력도 핵심 경쟁력이 되고 있다. 공정 미세화와 수율(생산 성공률)을 얼마나 안정적으로 유지하느냐가 기업가치와 직결되기 때문이다.

파운드리 시장에서의 절대 강자는 TSMC다. 완전한 독점은 아니지만, 기술력과 규모에서 2025년 3분기 기준 전 세계 파운드리 점유율 70% 이상으로 거의 독점에 가깝다. 그리고 그 뒤를 삼성전자와 SK하이닉스가 바짝 뒤쫓고 있다.

(1) TSMC Taiwan Semiconductor Manufacturing Company

TSMC는 '대만 반도체 제조회사'라는 약자 그대로 대만의 반도체 위탁생산 기업이다. 1987년 2월 공기업으로 설립해, 1992년 민영화되었다. 엔비디아와의 인연도 오래되었다. 1997년부터 엔비디아의 칩 생산을 맡아왔고, 2025년 4월부터는 미국 피닉스 공장에서 엔비디아의 최신 AI 반도체 '블랙웰 **Blackwell**'을 생산하고 있다. 다만 TSMC의 최대 고객은 엔비디아가 아니라 애플이다(애플은 아이폰, 아이패드 등 핵심기기의 칩 생산을 TSMC에 맡기고 있다). 이밖에도 퀄컴, AMD, 미디어텍 등 이름만 들어도 알 만한 기업들을 고객사로 가지고 있다.

수많은 파운드리 중 TSMC가 유독 선택을 받는 이유는 '우리는 고객과 경쟁하지 않는다'라는 경영이념 때문이다. 실제로 TSMC는 자체 칩 생산 없이 오직 위탁생산만 한다. 덕분에 팹리스 기업들은 최고 난이도의 생산을 마음 놓고 맡기고 있고, TSMC는 이를 생산하며 최고 수준의 공정 기술을 축적했다. 그 결과 3nm 공정 1위, 2nm 양산 체제까지 가능해졌다(앞서 본 것처럼, 나노가 작아질수록 성능이 향상되며 전력 소모도 줄어든다).

2025년 TSMC의 시가총액은 약 1,500조 원으로, 약 450조 원인 삼성전자의 3배 이상이다. GPT 모멘트 이후 실적이 가파르게 상승하며, 2024년 초 100달러에서 2025년 11월 284달러를 기록했다. 3배 가까운 상승이다.

TSMC 주가 추이

TSMC 미국 애리조나 공장 전경 (출처 : TSMC 유튜브 캡처)

하지만 많은 회사들이 TSMC에게 생산을 맡기니까 앞으로도 더 성장할 거라고 단순화하긴 어렵다. 생산라인의 물리적 한계가 있기 때문이다. 이에 TSMC는 2022년 일본 구마모토, 2024년 미국 애리조나 피닉스에 공장을 짓는 등 해외 분산투자를 확장하고 있다.

TSMC에 대한 가장 큰 투자 리스크는 경쟁사의 성장이다. 엔비디아가 초기부터 함께 했다고 해도 끝까지 같이 가리란 보장은 없다. 2024년 말에는 '블랙웰' 테스트에서 일부 결함 이슈가 거론됐다. 엔비디아는 TSMC의 생산 문제를, TSMC는 설계 문제와 촉박한 일정을 원인으로 지목했다. 엔비디아가 더 많은 양의 반도체 생산을 위해 CoWoS 패키징 전용라인 증설을 요청했으나, TSMC는 비용·효율 문제로 난색을 표하기도 했다. 이 경우 엔비디아(및 다른 팹리스) 입장에선 대체 파운드리를 고민하게 된다. 여기에 따른 추가적인 선택지는 삼성전자와 인텔이 될 수 있다. 실제로 2025년 9월 엔비디아는 인텔에 50억 달러(약 7조 원)를 투자해 데이터센터와 PC용 차세대 AI 시스템을 공동 개발하는데 합의했다. 같은 해 10월에는 삼성전자와 전략적 협력을 통해 업계 최고 수준의 '반도체 AI 팩토리'를 구축할 것이라고 밝혔다. 직접적인 파운드리 계약은 포함되지 않았지만 엔비디아 입장에서는 언제든 가능성을 열어놨고 TSMC 입장에서는 리스크가 된다.

(2) 삼성전자 Samsung Electronics

삼성전자의 파운드리 점유율은 약 6.8%(2025년 3분기 기준)로, 세계 2위다. GPT 모멘트와 함께 AI 시대의 수혜가 기대됐지만, 초기에는 기대만큼의 수주 확대로 이어지지 못했다. 2023년부터 2024년 초까지 5분기 연속 조 단위 적자(누적 약 9조 원)를 기록하며 부담이 컸다. 고부가가치인 AI 반도체 칩 수주가 TSMC로 집중되었기 때문이다.

이 여파는 고스란히 주가에 반영돼 2022년 12월 55,300원에서 2024년 중순까지 반등했지만, 같은 해 12월 54,000원대까지 내려가며 부진을 면치 못했다. 하지만 2025년 6월 AMD와 HMB3E 12단 공급계약을 체결하고, 7월 테슬라와 차세대 AI 칩 생산 계약(약 22.7조 원)을 발표했다. 8월에는 엔비디아에 HBM3E 12단 메모리 3~5만 개 공급계약을 맺었고, 같은 달 애플의 차세대 칩을 미국 공장에서 생산하기로 하는 등 호재가 이어졌다. 그리고 국내 증시 불확실성 완화와 맞물려 2025년 11월, 11만 원을 돌파하기도 했다.

삼성전자 주가 추이

삼성전자는 제조와 설계를 함께 하는 종합 반도체 회사다. AI의 성장과 AI 반도체 시장의 확장에 맞춰 2024년 3월 주주총회에서 AI 칩 '마하MAHA-1'를 공개하며, 2030년까지 자체 칩 개발·생산을 본격화하겠다고 밝혔다.

(3) SK하이닉스

SK하이닉스는 불과 2~3년 사이, 반도체 시장의 대표주자로 급부상했다. 1983년 현대전자산업으로 출발해, 1999년 하이닉스반도체로 사명을 변경했고, 2012년 2월 SK그룹에 인수되며 SK하이닉스가 되었다.

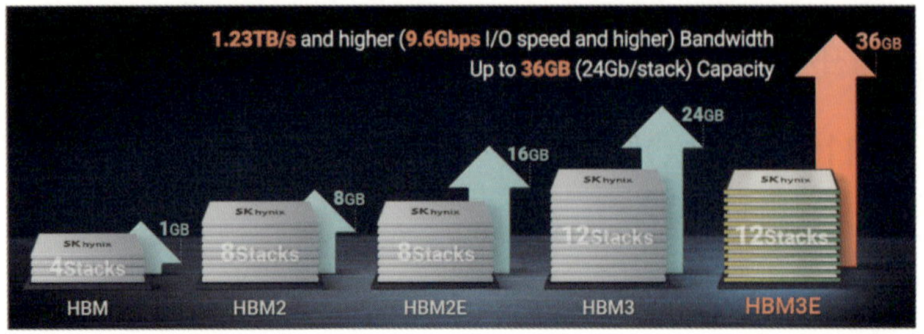

SK하이닉스의 고대역폭 메모리(HBM)　　　　　　　　　　　(출처 : SK하이닉스 홈페이지)

SK하이닉스의 주력은 DRAM과 NAND 등 메모리 반도체와 2013년부터 진출한 HBM(고대역폭 메모리)이다. 2015년 세계 최초로 HBM(1세대)을 양산 후 AMD의 Radeon에 탑재됐다. 2016년 HBM 2세대를 양산하며 엔비디아와의 협력관계가 시작되었다. 본격적으로 매출 확장을 가져오게 된 건 역시 챗GPT 이후다. SK하이닉스는 HBM3E(5세대)를 세계 최초 양산에 성공하며, 2024년 3월 말부터 엔비디아에 납품을 시작했다. 이후 SK하이닉스의 매출과 주가는 폭발적으로 상승했다.

SK하이닉스의 주가는 2023년 5월 87,200원에서 2025년 11월 60만 원을 넘어서며 무려 700% 이상 상승했다. SK하이닉스의 HBM 점유율은 2021년 이후 굳건히 1위를 지키고 있고, 증권가에서도 2027년까지 우위 지속을 전망하고 있다. 하지만 엔비디아에 대한 HBM 매출 비중이 90%, 전체 매출에서는 16% 이상이라는 건 리스크가 될 수 있다(2025년 상반기에는 27%까지 증가했다).

이에 대한 SK하이닉스의 전략은 '풀 스택 AI 메모리 크리에이터'

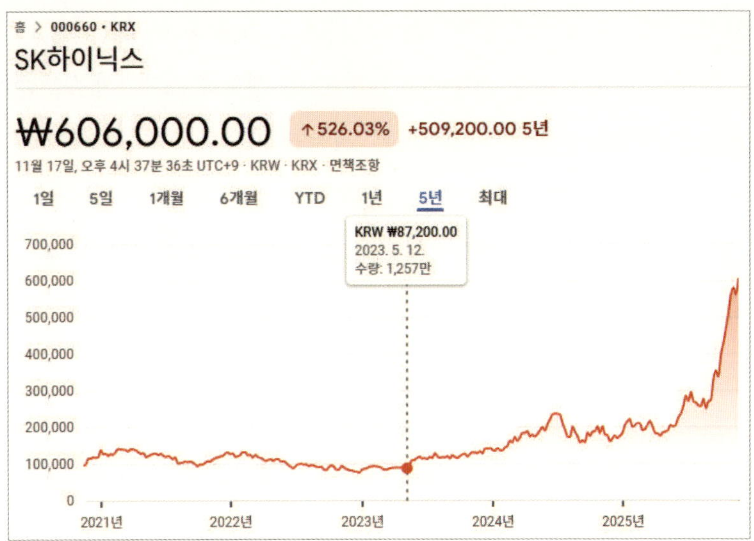

하이닉스 주가 추이

다. SK AI 서밋 2025에서 AI 시대 메모리 전략을 내세우며 모든 메모리를 AI에 최적화된 방향으로 진화시켜 새로운 시장을 만들겠다고 선언했다. 그럼에도 불구하고 시장은 치열하게 경쟁이 심화되기에 지속적으로 모니터링할 필요가 있다.

클라우드 서비스(서버와 데이터센터) 관련 기업

엔비디아가 설계한 AI 반도체와 SK하이닉스가 생산한 HBM은 TSMC가 패키징해서 완성한다. 이렇게 완성된 블랙웰**Blackwell** 같은

AI 반도체는 어딘가에 장착되어야만 비로소 작동할 수 있다.

회사의 홈페이지를 만들어 운영하는 걸 생각해 보자. 사무실 컴퓨터를 서버로 만들어 홈페이지를 24시간 가동할 수 있다. 하지만 이렇게 하면 전기요금도 많이 들고, 동시에 많은 사용자가 접속하면 서버 과부하로 다운될 수도 있다. 그래서 대부분의 기업은 '자체 서버'를 두기보다 '임대 서버'를 이용한다. 가비아나 카페24 같은 서비스에 비용을 지불하고, 안정적인 네트워크 환경 속에서 웹사이트를 운영하는 식이다. AI도 마찬가지다. 기업의 자체 데이터센터에서 운영해도 되지만, 비용절감과 관리효율을 위해 임대형 데이터센터를 이용하기도 한다. 데이터센터에는 GPU가 탑재된 수천, 수만 대의 서버가 랙rack 단위로 연결되어 24시간 구동되고 있다. 이처럼 서버와 데이터센터를 빌려주는 인프라 서비스를 우리는 '클라우드Cloud'라고 부른다.

클라우스 서비스 시장의 3대 주자는 아마존AWS, MSAzure, 구글GCP이다. 이들의 움직임을 보면 AI 반도체 수요와 산업 전반의 방향을 읽을 수 있다.

데이터센터 외부 및 내부

(1) 아마존 웹 서비스AWS, Amazon Web Services

아마존의 클라우드 서비스 AWS는 2006년 3월 출시한 서비스로, 전 세계 시장점유율 약 30%, 업계 1위다. 아마존에서 이 서비스를 시작한 이유는 '블랙 프라이데이 Black Friday' 때문이다. 이 시기 폭증하는 트래픽을 감당하기 위해 구축한 내부 서버 인프라를 외부 기업에도 임대 형태로 제공하자는 아이디어에서 출발했다. AWS는 아마존 전체 매출의 약 16~18% 수준이지만, 전체 영업이익의 50~60%를 책임지는 고수익 사업부이다.

AWS에서 제공하는 AI 서버는 EC2 Elastic Compute Cloud 인스턴스라고 하는데, 2024년 기준으로 엔비디아 H100 GPU 10만 개 이상을 구매해 AI 전용 서버를 구축했다. 하지만 지금은 엔비디아에 대한 의존도를 낮추고 수익성 강화를 위해 자체 AI 전용 칩 Trainium(트레이니엄)과 추론(실행) 전용 칩 Inferentia(인퍼렌시아)를 직접 개발해 사용 중이다. 또한 우리나라에서 2027년 완공 예정인 울산데이터센터는 AWS와 SK그룹이 합작하는 형태로, AWS가 데이터센터의 관리와 운영을 맡는다.

(2) MS 애저 MS Azure

MS 애저는 2010년 2월 공식 서비스를 시작했다. 현재 시장점유율은 약 20%로, 업계 2위다. 2024년 기준으로 엔비디아의 H100 GPU를 48.5만 개 확보해 경쟁사보다 2배 이상으로 많은 규모로 운영 중이다. 이는 오픈AI와의 전략적 파트너십 덕분에 가능한 수치다. 오픈AI는 챗GPT의 모델 학습과 API 서비스를 모두 애저 클라우드 위에서 실행하고 있다(2025년 1월 계약조건 변경에 따라 오픈AI는 구글 클라우드, AWS와도 계약했다). 2026년 이후에는 자체 개발한 Maia 100(마이아 100) 칩을 자사 클라우드 인프라에 도입할 계획이다.

(3) 구글 클라우드 플랫폼 GCP, Google Cloud Platform

구글 클라우드 플랫폼 GCP은 2008년 4월 시작된 서비스로, 현재 점유율은 약 13%, 업계 3위다. 구글은 클라우드 서비스를 MS보다 먼저 시작했지만 시장점유율에서는 뒤쳐져 있다. 이는 기업 고객들의 차이로 인한 것이다. MS는 기업 고객(윈도우·오피스 사용자)이 많아 자연스럽게 애저를 선택할 수 있었지만, 구글은 개인 사용자 중심 서비스에서 출발했기 때문이다.

하지만 구글도 2016년 이후 기업형 클라우드 전략을 내세우며 본격적으로 사업화에 뛰어들었다. 2015년부터는 자체 AI 반도체 TPU Tensor Processing Unit 개발을 시작해 2025년 11월 7세대 TPU 아이언우드를 정식 출시하고, 클로드 Claude를 서비스하는 앤트로픽과 TPU 100만 개 공급계약을 맺었다.

발열과 냉각 관련 기업

AI 데이터센터를 운영하는 데에는 엄청난 양의 전력이 필요하고,

발생하는 열을 효과적으로 식히는 냉각 장치도 필수다. 전력 인프라에 대한 이야기는 '5장 뉴에너지'에서 다루기로 하고, 여기서는 냉각 기술에 집중해 보자.

서버를 운영하면 어마어마한 열기가 나온다. 쉽게 말해 사방이 꽉 막힌 방안에서 200대의 고사양 PC가 동시에 게임을 돌리는 상황을 상상하면 된다. 혹은 수백 대의 전기난로가 한꺼번에 켜진 것과 같은 열기를 떠올려도 좋다. 이대로 두면 장비는 심각하게 손상된다. 그래서 데이터센터가 사용하는 전체 전력의 약 40%가 냉각에 쓰일 정도로 냉각 기술은 매우 중요하다. 이 때문에 냉각 기술은 앞으로도 핵심 투자 분야로 주목받고 있다.

서버를 냉각하는 방식은 크게 공기냉각과 액체냉각으로 나뉘며, 액체냉각 방식은 다시 세부 기술로 나뉜다. 전문적인 용어는 빼고 핵심 개념만 간단하게 이해해 보자.

공기냉각(공랭) **Air Cooling**은 말 그대로 공기로 식히는 방식이다. 서버룸에 선풍기와 에어컨이 있다고 생각하면 된다. 가장 전통적이고 익숙한 방식으로, 설치비용이 저렴하고 유지보수도 간편하다. 하지만 고성능 AI 서버처럼 발열이 큰 고집적·고전력 시스템에서는 한계가 있다. 반면, 액체냉각(액랭) **Liquid Cooling**은 물이나 냉매를 순환시켜 열을 직접 식히는 방식이다. '수냉식'이라고도 부르지만, 실제로는 전기 절연성을 가진 특수 냉각액을 사용하기에 순수한 '물'은 아니다. 액체냉각은 다시 세 가지로 나뉜다.

① **RDHx** **Rear Door Heat Exchanger** : 서버 랙의 뒤쪽에 냉각수 루프가

통과하는 냉각 도어door를 설치해 뜨거운 공기를 냉각수로 식힌 뒤 다시 실내로 순환시키는 방식이다. 이 방식은 기존 데이터센터 구조를 바꾸지 않아도 되고, 서버 내부에 배관이 들어가는 게 아니어서 유지보수가 편리하다는 장점이 있다. 다만 칩 자체를 직접 식히는 방식이 아니기 때문에 고성능 AI 반도체 환경에서는 한계가 있다.

② **DLC** Direct Liquid Cooling : CPU나 GPU 위에 금속 플레이트Cold Plate를 밀착시키고, 그 안의 미세한 통로를 통해 냉각수가 순환하는 구조다. 자동차의 라디에이터 원리와 유사하다. 칩에 직접 닿기 때문에 효율이 높고 열전달이 빨라 현재 많은 데이터센터가 이 방식을 부분적으로 도입 중이다.

③ **액체침지냉각(액침냉각)** Immersion Cooling : 말 그대로 서버 전체를 냉각액 안에 담그는 방식이다. 물론 그냥 물이 아니라 전기 절연성이 높은 특수 냉각액Dielectric Fluid을 사용한다. 이 방식은 열 제거 효율이 가장 높고, 팬 소음이 없으며 공간 효율도 뛰어나다. 다만 초기 설치비용이 높고, 유지보수 인프라가 추가로 필요하다.

AI 데이터센터의 경쟁은 결국 '누가 더 효율적으로 빠르게 식히는가'의 싸움이 된다. 앞서 이야기한 클라우드 3대장들도 자체 냉각기술 고도화에 적극적이다. AWS는 자체 설계한 iRHx(개선형 RDHx) 냉각시스템을 사용하고 있고, 구글은 AI를 활용해 공기 흐름, 팬 속

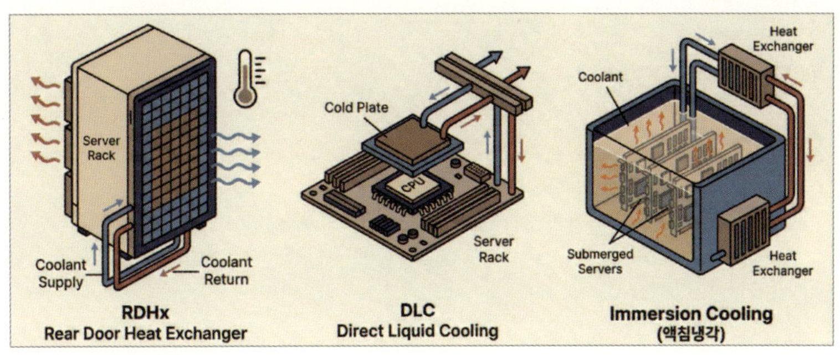

액체냉각의 3가지 방식

도, 습도 등 120여 개의 변수를 실시간으로 최적화한 공기냉각시스템을 운영 중이다. MS, 메타 등도 데이터센터 냉각 알고리즘에 AI를 접목하고 있다.

자체적으로 냉각시스템을 운영할 수 없다면 냉각시스템을 실제 구현·관리하는 인프라 기업들을 이용하면 된다. 대표적인 서버 및 인프라 업체로는 HPE, 델, 레노버, 슈퍼마이크로 등이 있고, 냉각 인프라 전문기업으로는 버티브 홀딩스(미국), 슈나이더 일렉트릭(프랑스), 스툴츠(독일) 등이 있다. 우리나라는 SK엔무브, LG전자, GST, 신성이엔지 등이 있다. 냉각 분야에서 두각을 나타내는 주요 기업을 살펴보자.

(1) 버티브 홀딩스 Vertiv Holdings

버티브 홀딩스는 미국의 글로벌 데이터센터 인프라 전문기업으로, 전력공급, 열관리, 모니터링 장비를 설계·제조하며, 액체냉각 분

버티브 홀딩스 주가 추이

야 1위로 평가받는다.

2020년 뉴욕증권거래소에 상장했으며, 2023년 4월 12.43달러였던 주가는 2025년 11월 170.97달러까지 상승하며 1,200%에 가까운 수익률을 보였다.

(2) SK엔무브

에너지 세이빙·냉각 플루이드 전문기업으로 주목받고 있는 SK엔무브는 2022년 국내 최초로 냉각 플루이드 개발을 시작해 데이터센터용 액침냉각과 정밀액체냉각 시장에 진출했다. 차세대 차량용 냉매 개발도 추진 중이다.

SK텔레콤 송도 데이터센터에 액침냉각시스템을 설치해 냉각 플루이드를 공급하는 실증사업을 끝냈다. 결과적으로 공랭방식 대비 37%가량의 전력 절감 효과를 입증했다.

2025년 11월 배터리 기업 SK온이 SK엔무브를 합병했으며, 두 기업 모두 SK이노베이션의 100% 자회사다.

(3) LG전자

LG전자는 10년 이상 데이터센터 냉각기술을 축적해 왔다. 액체냉각과 공기냉각 방식을 결합한 하이브리드 솔루션을 선보였고, 자체개발한 냉각수분배장치CDU와 액체냉각 솔루션을 LG유플러스 데이터센터에 공급하며 실증 시험도 완료했다. 2025년 9월에는 미국 대형 AI 데이터센터에 수백억 원 규모의 냉각 솔루션 수주를 발표하는 등 글로벌 시장으로 약진하고 있다.

(4) GST Global Standard Technology

GST는 국내 데이터센터용 액침냉각기술 선도기업이다. 2021년 설립 이후 데이터센터용 액침냉각 솔루션을 개발해 왔고, LG유플러스와 협업해 액침냉각기술 실증사업을 진행 중이다.

코스닥 상장사인 GST는 2023년 초 10,475원이었던 주가가 2025년 11월에는 29,650원까지 오르며 2배 넘게 상승했다.

GST 주가 추이

(5) 신성이엔지(신성E&G)

신성이엔지는 반도체·디스플레이 제조공정에 필요한 클린룸 기술로 시작해 데이터센터의 냉각 솔루션뿐 아니라 태양광 발전 솔루션 기업으로도 변신하고 있다.

데이터센터의 열을 식히는 냉각기술은 앞으로도 AI 산업의 핵심 인프라로 자리할 것이다. 하지만 그만큼 경쟁도 치열해지기 때문에 국내외 기업들의 움직임을 계속해서 모니터링해야 한다. 무엇보다 기술 경쟁력이 없다면 금방 도태될 수 있으니 주의 깊게 살펴보자.

AI 관련 ETF

미국 | CHAT Roundhill Generative AI & Technology ETF

투자 개요 생성형 AI 관련 테크 기업에 집중투자하는 액티브형 글로벌 AI 테마형 ETF

구성 종목

엔비디아
알파벳(A클래스)
SK하이닉스
AMD
오라클
마이크로소프트
소프트뱅크그룹
브로드컴
ARM홀딩스
메타플랫폼스 등

HANARO 글로벌생성형AI액티브

투자 개요 생성형 AI 밸류체인에 집중하며 글로벌 우량기업 약 30여 곳에 액티브 전략으로 투자

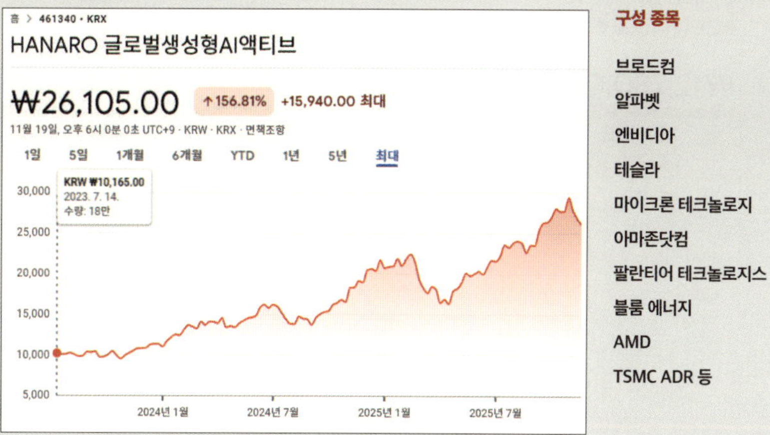

구성 종목

브로드컴
알파벳
엔비디아
테슬라
마이크론 테크놀로지
아마존닷컴
팔란티어 테크놀로지스
블룸 에너지
AMD
TSMC ADR 등

UNICORN 생성형AI강소기업액티브

투자 개요 국내 상장된 생성형 AI 생태계 기업 중 성장잠재력이 높은 강소기업에 액티브 전략
으로 투자

구성 종목

SK하이닉스
이수페타시스
더존비즈온
네이버
피에스케이홀딩스
삼성에스디에스
이오테크닉스
지엔씨에너지
비나텍
브이엠 등

ACE 마이크로소프트밸류체인액티브

투자 개요 마이크로소프트를 최대 25% 이내로 편입하고 글로벌 생성형 AI 인프라와 모델 기
업 중심의 포트폴리오로 구성

구성 종목

마이크로소프트
메타
Direxion Daily AMZN
Bull 2X Shares
세일즈포스
오라클
SAP ADR
팔란티어 테크놀로지스
서비스나우
어도비
앱플로빈 등

반도체 관련 ETF

투자 개요 세계 반도체산업의 대표적인 상장기업 약 25곳에 투자하는 ETF로, 칩·반도체 장비분야에 집중한 기술 섹터 지수 추종 ETF

구성 종목

엔비디아
TSMC
브로드컴
ASML 홀딩
인텔
어플라이드 머티어리얼즈
램 리서치
마이크론 테크놀로지
KLA
AMD 등

투자 개요 미국 반도체산업의 설계·제조·장비 기업들에 폭넓게 투자하는 대형 테크 섹터 지수 추종 ETF

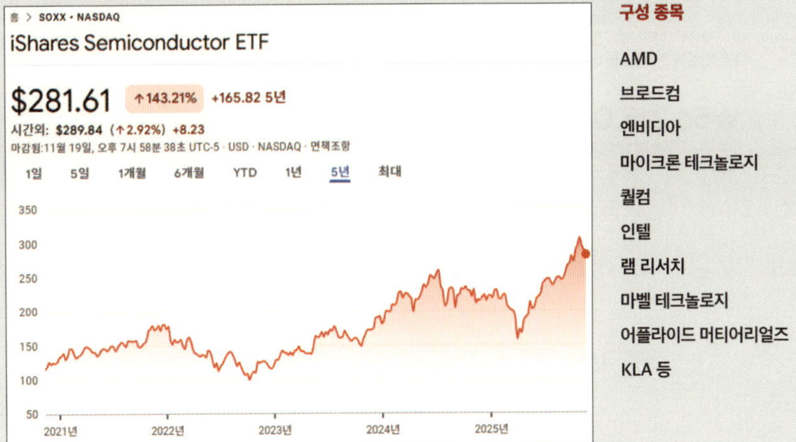

구성 종목

AMD
브로드컴
엔비디아
마이크론 테크놀로지
퀄컴
인텔
램 리서치
마벨 테크놀로지
어플라이드 머티어리얼즈
KLA 등

TIGER 반도체

투자 개요 국내 반도체업종지수(KRX Semicon 지수)를 추종하는 국내 주식형 ETF

구성 종목

SK하이닉스
삼성전자
한미반도체
리노공업
이오테크닉스
DB하이텍
원익IPS
테크윙
HPSP
젬백스 등

KODEX 반도체

투자 개요 국내 반도체 업종을 대표하는 삼성전자 등 주요 기업에 지수 추종 방식으로 투자

구성 종목

SK하이닉스
삼성전자
한미반도체
리노공업
이오테크닉스
DB하이텍
원익IPS
테크윙
HPSP
하나마이크론 등

ACE 글로벌반도체TOP4 Plus

투자 개요 글로벌 반도체 업계 상위 4개 기업에 집중투자하는 ETF

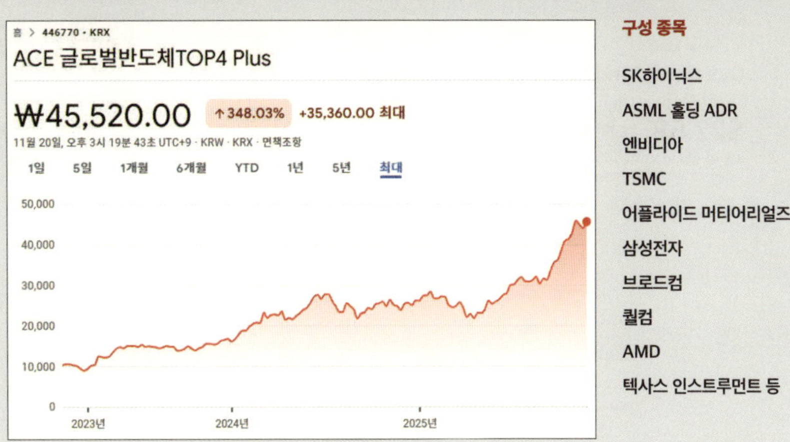

구성 종목

SK하이닉스
ASML 홀딩 ADR
엔비디아
TSMC
어플라이드 머티어리얼즈
삼성전자
브로드컴
퀄컴
AMD
텍사스 인스트루먼트 등

TIGER 글로벌온디바이스AI

투자 개요 온디바이스 AI 기술을 보유한 글로벌 기업에 분산투자하는 ETF

구성 종목

AMD
ARM
퀄컴
인텔
알파벳
애플
TSMC
케이던스 디자인 시스템즈
마이크로소프트
메타 등

데이터센터 관련 ETF

투자 개요 AI 하드웨어·데이터센터·전력망 등 전력 인프라와 AI 밸류체인의 융합기업들에 투자하는 테마형 ETF

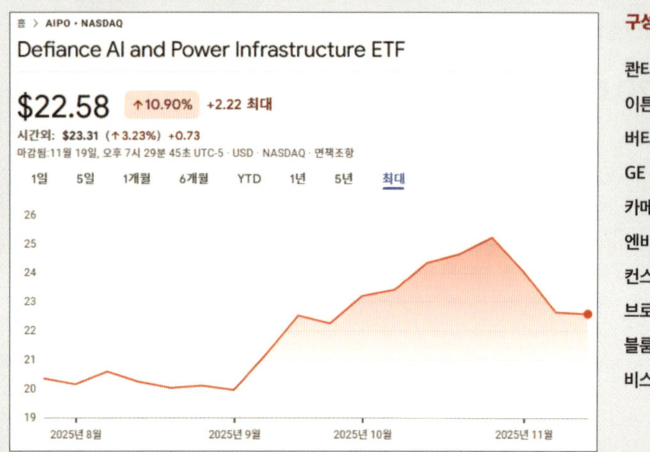

구성 종목

- 콴타 서비스
- 이튼 코퍼레이션 PLC
- 버티브 홀딩스
- GE 버노바
- 카메코
- 엔비디아
- 컨스텔레이션 에너지
- 브로드컴
- 블룸 에너지
- 비스트라 에너지 등

TIGER 글로벌AI전력인프라액티브

투자 개요 AI 인프라와 전력·에너지 기반의 글로벌 기업들에 액티브 운용방식으로 투자하는 ETF

구성 종목

- 지멘스 에너지
- 버티브 홀딩스
- GE 버노바
- 컨스텔레이션 에너지
- 오클로
- 블룸 에너지
- 카메코
- 셀레스티카
- 아리스타 네트웍스
- 비스트라 에너지 등

KoAct AI인프라액티브

투자 개요 AI 인프라(반도체·네트워크·데이터센터 등) 관련 국내주식에 주로 투자하는 액티브 ETF

구성 종목

SK하이닉스

원익IPS

테스

네이버

HD현대일렉트릭

카카오

삼성SDI

LG에너지솔루션

LS ELECTRIC

삼성전자 등

2장

휴머노이드

휴머노이드와 함께하는 세상

1

인간을 닮은
로봇의 탄생

“챗GPT의 순간이 로보틱스에도 왔다.”

2025년 CES 현장에서 젠슨 황이 한 말이다.

고도로 발달한 인공지능이 '육체를 가지는 시대', 즉 피지컬 AI **Physical AI**의 시대가 본격적으로 시작된 것이다.

이처럼 AI 시대를 이끌어 갈 또 하나의 키워드는 '휴머노이드'다. 우리는 인간을 닮은 로봇과 함께 살아가는 세상으로 들어서고 있다. 그런데 로봇과 휴머노이드는 어떻게 다를까? 간단히 구분해 보자.

로봇 vs 휴머노이드

로봇Robot은 미리 입력된 명령에 따라 자동으로 움직이는 기계를 말한다. 사람의 직접적인 조작 없이 스스로 정해진 동작을 수행한다. 예를 들어 자동차 공장의 로봇팔 혹은 집안의 로봇청소기를 떠올리면 된다.

휴머노이드Humanoid는 인간과 같은 두 팔과 두 다리를 가진 로봇이다. 사전에서도 'looking and acting like a human(인간처럼 보이고 행동하는 존재)'라고 정의한다. 영화 〈스타워즈STAR WARS〉의 C-3PO나 영화 〈채피Chappie〉의 경찰 로봇을 떠올리면 이해가 쉽다. 즉, 인간의 공간에서 인간처럼 움직이고 작업할 수 있다. 다리 없이 상반신만 존재하는 경우는 세미 휴머노이드Semi-humanoid로 분류한다.

산업용 로봇과 휴머노이드 Chappie

안드로이드 vs 사이보그

안드로이드**Android**는 'a robot that looks like a person'라는 뜻으로, 휴머노이드보다 한 단계 더 나아간 개념이다. 단순히 인간처럼 움직이는 것을 넘어, 외형까지 사람과 거의 똑같은 로봇을 뜻한다. 대표적인 예로 필립 K. 딕의 소설 《안드로이드는 전기양을 꿈꾸는가》를 원작으로 한 영화 〈블레이드 러너〉의 안드로이드들이다. 그들은 인간과 너무 닮아서, 인간인지 기계인지 구분이 어려운 존재다. 현재 기술 수준의 안드로이드는 겉모습은 사람과 흡사하지만 어딘가 어색하게 느껴지는 '불쾌한 골짜기**Uncanny Valley**' 단계에 있다.

사이보그**Cyborg**는 신체 일부를 기계로 대체한 존재다. 예를 들어 고전 영화 〈로보캅〉의 주인공처럼 인간의 신체 일부를 남기고 기계로 대체한 형태다. 또는 D.C 시리즈의 캐릭터 '사이보그'처럼 인간과 기계가 융합된 형태가 있다.

이 중 가장 주목받는 건 '휴머노이드'다. 인간을 닮게 행동하는 것을 넘어 생성형 AI와의 결합을 통해 함께 이야기하고 생활하는 것이 가능한 시대로 가고 있기 때문이다.

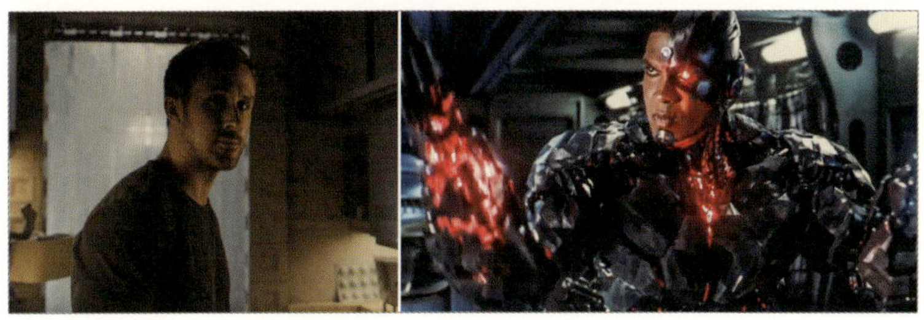

영화 〈블레이드 러너〉의 안드로이드와 D.C 시리즈의 사이보그

2

인구가 줄어드는 세상,
AI가 몸을 얻는 순간

휴머노이드 산업은 갑자기 등장한 게 아니다. 인간을 닮은 기계를 만들고 싶다는 꿈은 오래전부터 존재했다. 1920년 체코 작가 카렐 차페크의 희곡 《로숨의 유니버설 로봇 R.U.R.》이 그 대표적인 예이다. 그렇다면 왜 지금, '휴머노이드'가 주목받고 있을까? 두 가지 이유가 있다.

인구 감소로 인한 노동력 대체의 필요성

2025년 7월 OECD 보고서에 따르면, 2060년까지 OECD 회원국의 4분의 1은 생산가능인구의 30% 이상이 감소될 것으로 예상되고,

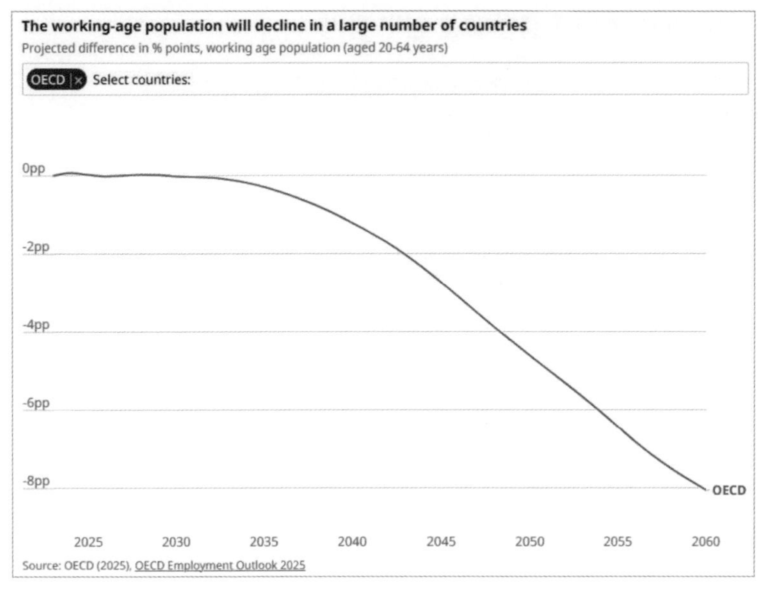

생산연령인구(20~64세)의 예상 차이(% point)　　　　　　(출처 : OECD 전망)

노년부양비(65세 이상 인구 ÷ 생산가능인구)는 1980년 19%에서 2023년 31%, 2060년 52%로 상승할 전망이다.

쉽게 말해 일할 사람이 급격히 줄어들고 있는 것이다. 이에 대한 해결책 중 하나가 휴머노이드, 즉 사람을 대체할 수 있는 노동력이다. 휴머노이드 시장은 빠르게 성장하고 있다. 2021년 약 16억 달러(약 2조 원) 규모였던 시장은 2025년 23억 달러(약 3조 원)로 성장했고, 앞으로 연평균 성장률은 35~70%로 추정된다. 2035년에는 380~800억 달러 규모로 커질 전망이다. 한마디로 돈이 되는 산업이 된 것이다. 기업뿐 아니라 각국 정부 역시 관심을 보이며 지원에 나선 결과다. 국가별 대응 상황을 보자.

(1) 미국 : NRI를 통한 로봇 연구 지원

미국은 NRI **National Robotics Initiative**를 통해 '사람과 협력하는 지능형 로봇 개발'을 지원해 왔다. '사람과 함께 곁에서 협력하는 개발 촉진'을 목표로 하는 NRI는 2011년 출범되었는데, 12년간 총 3억 달러를 투입해 300개 이상의 프로젝트를 수행했고, 2022년 NRI 3.0을 끝으로 1단계를 마쳤다. 이후 로봇공학의 기초·혁신적 연구를 지원하는 연방 차원의 핵심 프로그램인 FRR **Foundational Research in Robotic**을 계속 지원하고 있다.

(2) 일본 : '소사이어티 5.0'과 휴머노이드 비전

일본은 2016년 국가 비전 '소사이어티 5.0 **Society 5.0**'을 통해 기술 혁신으로 사회 문제와 인구 감소를 해결하겠다는 목표를 세웠다. 그 핵심이 바로 로봇과 휴머노이드 기술이다.

2015년부터 진행된 '신(新) 로봇전략'에서는 산업·서비스·의료 전반에서 로봇 활용을 확대했다. 의료·간호 분야의 휴머노이드 로봇 활용이 핵심이었다. 2020년부터 2050년까지 10가지의 목표를 진행하는 '문샷 R&D 프로그램 **Moonshot Program**' 중 Goal 1은 2050년까지 인간과 협력하며 자율적으로 학습하고 진화하는 로봇 실현이다.

(3) 중국 : 정부 주도형 로봇산업의 폭발적 성장

가장 무서운 건 역시 중국이다. 중국은 2015년 '중국제조 2025(中國制造 2025)' 전략을 발표하며 국가 주도형 산업혁신 로드맵을 제시했다. 독일의 '인더스트리 4.0'을 벤치마킹한 것으로, 산업자동화·로 봇·AI·반도체·스마트팩토리가 핵심이다.

2016년 '로봇산업발전계획(2016~2020)'을 통해서는 인간과 상호 작용이 가능한 휴머노이드 서비스 로봇 개발을 지원하고, 2021년 '14차 5년 계획(2021~2025)'에서는 로봇을 국가전략산업으로 지정했 고, 2024년에는 '지능형 로봇 중점 특별 프로그램'을 갱신해 약 4,470 만 달러의 예산으로 생성형 AI 모델 훈련을 지원하고 있다.

특히 중국은 저가형 휴머노이드 로봇 생산능력을 앞세워 시장점 유율을 빠르게 높이고 있다.

(4) 한국 : 'K-휴머노이드 연합'으로 본격 가세

우리나라 역시 로봇산업을 끊임없이 계획하고 육성해 왔다.

1차 지능형 로봇 기본계획(2002~2007)에서는 2002년 지능형 로 봇 개발 및 보급 촉진법을 제정해 지능형 로봇을 차세대 국가 성장 동력으로 육성하는 것을 목표로, 로봇산업진흥원KIRIA 설립을 추진 했다. 이 법은 세계 최초의 로봇 전용법이라는 의미도 있다.

2차 지능형 로봇 기본계획(2008~2013)에서는 로봇산업의 핵심부 품인 감속기·센서·모터의 기술 자립을 촉진했고, 창원 로봇랜드와 인천 로봇테마파크 조성산업이 이어졌다.

3차 지능형 로봇 기본계획(2019~2023)에서는 전문인력 1만 명 양 성을 목표로, AI 시대에 맞추어 로봇산업 체계를 재정비했다.

지금은 4차 지능형 로봇 기본계획(2024~2028)의 시대로, 로봇

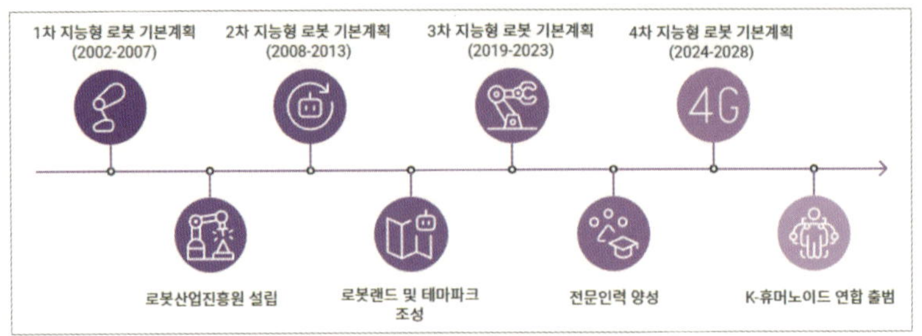

우리나라 지능형 로봇 기본계획 개요

100만 대 보급, 핵심부품 국산화율 80%, 글로벌 시장점유율 10% 달성을 목표로 한다. 여기에 2025년 4월 K-휴머노이드 연합 출범을 통해 2030년까지 1조 원 투자 계획을 발표하며 휴머노이드 경쟁에 본격적으로 뛰어들었다.

생성형 AI, 피지컬 AI 시대를 열다

휴머노이드가 다시 주목받는 두 번째 이유는 바로 생성형 AI의 급격한 발전 때문이다. 듣고, 보고, 생각하고, 말할 수 있는 생성형 AI가 휴머노이드라는 몸을 가지게 되면 단순한 기계가 아니라 육체를 가진, 즉 피지컬 AI가 된다. 단순히 정해진 임무만 수행하는 게 아니라 인간과 대화하며 학습하고 스스로 의사결정을 해서 임무를 수행할 수 있기에 활용도는 더 높아진다.

CES 2025 키노트 무대에서 젠슨 황은 로보틱스를 이야기하며 주머니에서 리모컨을 꺼내 버튼을 눌렀다. 그 순간, 무대 아래에서 14대의 휴머노이드 로봇이 등장했다. 젠슨 황은 이 퍼포먼스와 더불어 엔비디아의 새로운 프로젝트 'Project GR00T'와 'Cosmos 플랫폼'을 공개하며 "우리는 로봇의 운영체제os를 만들고 있다"고 말했다. 마치 윈도우처럼 휴머노이드를 학습시키고 동작시키는 운영체제의 표준을 만들어간다는 선언이었다.

각 나라와 기업들의 움직임도 빨라졌다. 중국은 저가형 휴머노이드 모델을 속속 선보였고, 미국·일본·한국은 고성능·고지능형 로봇 개발 경쟁에 뛰어들었다. 휴머노이드 산업의 성장에 부스터가 달리고 있다.

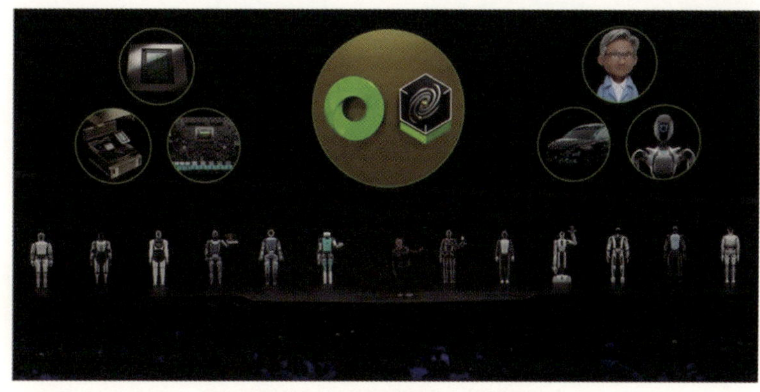

CES 2025 키노트 무대에서 14대의 로봇과 함께한 엔비디아의 CEO 젠슨 황

3

누가 '휴머노이드' 시장을 주도하는가

휴머노이드 시장의 중심에는 완성형 휴머노이드를 제작하는 제조사, 이들에게 부품을 공급하는 부품사, 그리고 이들을 움직이는 운영체제(플랫폼) 기업이 있다. 여기에서는 휴머노이드 시장에서 독보적인 주목을 받고 있는 주요 제조기업들을 중심으로 살펴보자.

완성형 휴머노이드 제조기업

1) 글로벌 기업

(1) 피규어AI FigureAI

피규어AI가 가장 유명해진 순간은 2024년 3월, 오픈AI의 챗GPT

를 탑재한 '피규어 01'의 영상을 공개하면서였다. 더 놀라운 건 이 회사가 오래된 기업이 아니라 2022년 캘리포니아에서 설립된 스타트업이라는 점이다. 창업자 브렛 애드콕은 피규어AI를 설립하기 전에도 2013년 Vettery(인공지능 기반 인재 매칭 플랫폼), 2018년 Archer Aviation(도심항공 모빌리티 기업)을 창업하고 매각 및 상장을 이끈 연쇄 창업가다. 그의 세 번째 창업이 바로 피규어AI다.

피규어AI는 2024년 1월 첫 번째 시제품인 'Figure 01'을 공개했다. 그리고 두 달 뒤인 3월에는 챗GPT를 탑재한 'Figure 01'이 앞에 있는 사람의 지시를 정확하게 알아듣고 선반 위의 쓰레기를 정리하며, 왜 남자에게 사과를 주었는지를 설명하는 영상을 공개했다. 생성형 AI가 탑재된 휴머노이드가 단순히 명령받은 동작을 수행하는 수준을 넘어, 인간의 말을 이해하고 의도를 파악할 수 있는 존재로 성장 가능함을 보여준 순간이었다.

오픈AI의 챗GPT를 탑재한 'Figure 01'의 시연 영상

2024년 8월 공개된 후속모델 'Figure 02'는 Figure 01보다 훨씬 세련된 외형을 갖췄다. 외부로 드러나던 전선과 구조물이 정리되었고, 혼자 걸어다니는 모습이 공개됐다. 더 놀라운 건 이 로봇이 BMW 공장에서 일하는 장면이었다. 부품을 들어 옮기고, 다른 곳으로 옮기는 모습들이었는데, 느리긴 했지만 분명 '인간을 대신해 일하는 미래의 모습'을 보여줬다. 2024년 8월, BMW의 미국 스파르탄 공장에서 진행된 2주간의 시험 가동 결과였다.

2025년 2월 피규어AI는 오픈AI와의 계약을 종료하고 자체 AI 모델을 적용했다. 휴머노이드 제조사가 인공지능까지 개발하는 것은 비용 낭비처럼 보이지만, 길게 봤을 때에는 꼭 필요한 결정이다. 만약 외부의 AI를 핵심 두뇌로 사용하고, 연결되는 기계 몸만 만든다면 단순한 하드웨어 제조사에 그치게 된다. 스마트폰 시대를 돌아보면, 결국 iOS와 안드로이드 OS 두 개의 운영체제가 시장을 장악한 것과 같은 두려움이 있었을 거라 생각된다.

피규어AI의 자체 모델 이름은 '헬릭스Helix'로 인간처럼 사고하고 행동하도록 설계된 멀티모달 모델이다. 두 대의 피규어가 협업해 선반 위 물건을 정리하는 모습을 공개했고, 이후 새로 공개된 영상마다 눈에 띄게 발전한 성능을 볼 수 있었다. 2025년 3월 BMW 공장에서의 작업 영상, 6월에는 물류 라인에서 물건을 분류하는 Scaling Helix - Logistics 영상, 8월에는 빨래를 개고 정리하는 영상, 9월에는 식기를 정리하는 영상이 이어졌다. 이 흐름은 피규어가 산업용(공장)에서 시작해 가정용으로 확장하고 있음을 보여준다.

헬릭스(Helix)의 다양한 작업 영상

그리고 2025년 10월, 세 번째 버전인 'Figure 03'가 공개되었다. 투박함은 완전히 사라지고, 한층 세련된 디자인으로 바뀐 Figure 03는 가정에서 테이블을 정리하고 빨래를 세탁기에 넣어 돌리며 침구를 정리했다. 또 다른 Figure 03는 호텔 데스크에서 손님을 응대하거나 택배 상자를 옮겼다.

Figure 03가 테이블을 정리하고 택배 상자를 옮기는 모습

2025년 9월, 피규어AI는 시리즈 C 펀딩을 통해 10억 달러 이상의 자금을 유치하며, 기업가치 390억 달러(약 57조 원)를 인정받았다. 아직 비상장사이며, 주요 투자사로는 엔비디아, 인텔캐피털, LG테크놀로지벤처스, 퀄컴벤처스 등이 있고, 2024~2025년에는 MS, 오픈AI, 아마존의 제프 베조스 등이 투자에 참여했다.

(2) 테슬라 Tesla

피규어AI에 앞서 시장의 주목을 받았던 휴머노이드 기업은 테슬라다. 테슬라는 2022년 9월, 프로토타입 '범블비 Bumblebee'를 공개하며 휴머노이드 시장 진출을 선언했다. 자동차 회사가 로봇을 만든다는 게 낯설게 느껴질 수 있지만, 테슬라 입장에서는 자율주행차 개발을 통해 쌓아온 비전 인식 기술과 제어 시스템을 그대로 적용할 수 있기 때문에 오히려 자연스러운 확장이었다.

2023년 3월에는 1세대 모델인 '옵티머스 Optimus'를, 같은 해 12월에는 무게를 줄이고, 외부 전선도 깔끔하게 정리한 2세대 모델을 공

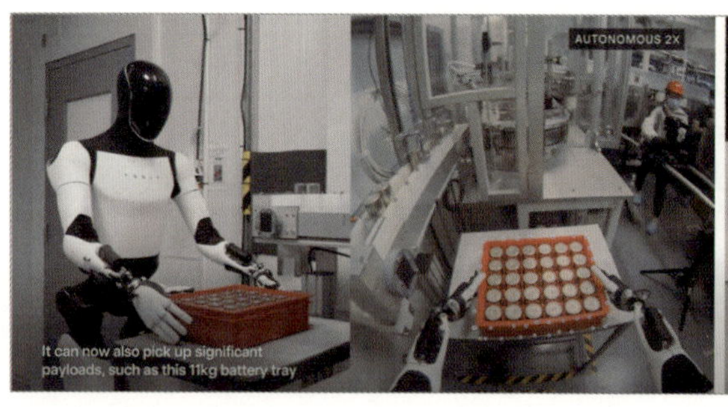

옵티머스가 배터리 상자를 옮기고, 테니스 공을 잡는 모습

개했다. 공개된 영상에서 옵티머스는 인간처럼 걷고, 달걀을 깨지 않으면서 한 손에서 다른 손으로 옮기는 세밀한 작업을 수행했다. 이 장면은 '인간의 손에 가장 근접한 정교한 제어 능력'을 보여준 상징적인 장면이었다.

이후 옵티머스는 꾸준히 개선된 모습을 선보였다. 2024년 10월에는 공장 내에서 인간과 부딪히지 않고 이동하며 11kg짜리 배터리 트레이를 옮기는 모습, 11월에는 사람이 던진 테니스공을 공중에서 잡아채는 영상을 공개했다.

2025년 9월에는 2.5세대 모델이 X(트위터)를 통해 공개되었다. 가장 큰 변화는 xAI의 그록Grok 모델이 탑재된 것이다. 이를 통해 옵티머스는 사람과 대화할 수 있게 되었다. 아직 완벽하지는 않지만 결국 테슬라가 목표로 하는 것도 인간과 협업 및 대화가 가능한 휴머노이드 로봇이라는 것을 알 수 있다.

일론 머스크와 함께 등장한 옵티머스 2.5세대

옵티머스는 테슬라의 프리몬트 공장에서 시험 생산 중이며, 2026년 외부 판매, 2030년까지 연간 100만 대 생산을 목표로 하고 있다. 가격은 18,999달러(약 2,900만 원)으로, 경쟁사보다 훨씬 저렴한 수준이다. 일론 머스크는 "대량 생산을 통해 가격을 더 낮추겠다"고 밝혀 휴머노이드의 대중화를 예고했다.

(3) 보스턴 다이내믹스 **Boston Dynamics**

휴머노이드 분야에서 가장 오래된 기업 중 하나는 보스턴 다이내믹스다. 1992년 설립된 이 회사는 2005년, 4족 보행로봇 '빅독 **BigDog**'을 공개하면서 이름을 알렸다. 빅독은 사람이 발로 차도 중심을 잡는 영상으로 큰 화제를 모았다. 2013년 구글(알파벳)에 인수된 후 2015년에는 4족 보행로봇 '스팟 **Spot**'을, 2016년에는 2족 보행로봇 '아틀라스 **Atlas**'를 선보였다. 그 후 2017년 소프트뱅크가 인수했다가 2020년 현대자동차가 약 8.8억 달러에 80%의 지분을 인수했다. 현재 소프트뱅크는 12.5%, HMG글로벌(현대차·기아·모비스)은 54.7%,

4족 보행로봇 '스팟(Spot)'과 2족 보행로봇 '아틀라스(Atlas)'

정의선 회장은 개인적으로 21.9%의 지분을 보유하고 있다.

보스턴 다이내믹스는 뛰어난 기술력을 가진 회사다. 아틀라스는 눈길에서 미끄러지지 않고 잘 걸으며, 계단을 오르고 점프하며 공중제비까지 도는 영상으로 화제를 모았다. 하지만 '실제 산업현장에서 쓸 곳이 있느냐'는 의문이 늘 따라붙었다. 기술력은 뛰어나지만, 상용화에는 한계가 있었던 셈이다. 스팟은 2023년 판매에 들어갔지만, 약 4,000대 정도 판매에 그친 것으로 알려졌다. 대당 가격은 약 9,000만 원이었다.

2024년 4월, 10년 넘게 이어온 유압식 아틀라스는 '아듀' 영상을 마지막으로 은퇴시키고, 전기구동 방식의 '뉴 아틀라스**New Atlas**'를 공개했다. 뉴 아틀라스는 처음부터 피규어나 옵티머스처럼 공장 현장에서 실제 작업을 수행하는 영상을 선보였다. 뉴 아틀라스의 가장 큰 특징은 3개의 손가락 구조로, 복잡한 제어를 줄이고 내구성을 높

뉴 아틀라스의 실제 작업 영상(오른쪽은 아틀라스의 시선으로 본 화면)

여 산업용으로 최적화했다는 점이다. 뉴 아틀라스는 2025년 10월 현대차 조지아 공장에서 테스트를 마치고, 2028년 상용화를 목표로 하고 있다.

보스턴 다이내믹스의 가장 큰 강점은 오랜 연구를 통해 축적된 보행 제어 기술과 균형 유지 능력, 그리고 현대자동차라는 강력한 파트너십이다. 휴머노이드를 아무리 잘 만들어도 실제로 투입할 산업 현장이 없다면 의미가 없지만, 현대자동차는 그 테스트베드를 제공할 수 있다. 즉, 보스턴 다이내믹스는 기술력과 시장성 두 가지를 모두 갖춘 회사로 볼 수 있다. 보스턴 다이내믹스는 2025년 6월 상장을 목표로 했지만, 아직 수익성이 확보되지 않은 상황이어서 기업가치를 높인 후 재추진하기로 했다.

(4) 애질리티 로보틱스 Agility Robotics

'도대체 이건 뭐야?'라는 말이 절로 나오는 로봇이 있다. 지금까지의 휴머노이드 로봇이 인간을 닮은 형태에 집중했다면, 애질리티 로보틱스의 접근은 조금 다르다. '디짓 Digit'의 얼굴은 각져있고 다리는 인간의 다리라기보다 새처럼 꺾여있다. 생김새도 신기한데 일하는 건 더 신기하다. 물건을 들고 총총걸음으로 이동하여 선반에 올려놓는다.

2015년 미국 오리건 주에서 설립된 애질리티 로보틱스는 '기민하고 민첩하게 인간과 함께 일하는 로봇 제작'을 목표로 하고 있다. 아마존과 2022년 투자 계획을 맺고, 2023년 10월부터 아마존 물류센

휴머노이드 로봇 '디짓'이 물건을 옮기는 모습

터에 '디짓'을 투입해 빈 상자를 컨베이어 벨트에 올리는 일을 하고 있으며, 조지아 주 GXO 물류센터에도 투입되어 단순 반복 작업을 수행하고 있다. 한 번에 들어 올릴 수 있는 무게는 최대 16kg으로, 실제 산업 환경에서 학습하며 일을 배우는 중이다.

애질리티 로보틱스는 2023년 말, 오리건에 세계 최초의 휴머노이드 전용 공장 RoboFAB을 지으며, 대량생산으로 로봇을 저렴하게 공급할 계획을 가지고 있다. 연간 1만 대 생산을 목표로 하고 있으며, 가격은 약 25만 달러(약 3억 3천만 원)로 알려져 있다. 주요 투자자는 DCVC(딥테크 벤처캐피털), 독일 셰플러 그룹, 글로벌 물류기업 GXO 로지스틱스, 그리고 아마존이다. 아마존과 셰플러는 직접 투자를 진행하며 자사 공장에도 디짓을 투입하고 있다. 비상장사이지만, 대량생산과 실제 계약 실적을 확보했다는 점에서 주목할 만하다.

2) 중국 기업

중국이 달리고 있다. 중국은 이미 휴머노이드 로봇들을 양산하고 있고, 생산라인도 활발하게 가동 중이다. 최근 중국이 이 분야에서 얼마나 빠르게 성장하고 있는지를 보여주는 상징적인 두 건의 행사가 있었다.

첫 번째는 2025년 4월 베이징에서 열린 로봇 하프마라톤 대회다. 1만 2천 명의 러너들과 함께 21대의 휴머노이드 로봇이 출전했다(로봇은 런닝 중 배터리 교체가 허용됐다). 총 6대의 로봇이 완주에 성공했는데, 이 자체가 이미 놀라운 성과였다. 1위를 차지한 로봇은 베이징 휴머노이드 로봇혁신센터의 'Tiangong Ultra'로, 2시간 40분 27초 만에 완주하며 인간과 로봇의 경계가 무너지고 있음을 보여줬다.

두 번째는 같은 해 8월에 열린 제10회 WRC **World Robot Conference**와 제1회 WHRG **World Humanoid Robot Games**다. 16개국 280개 팀이 참가했

베이징 로봇 마라톤 대회에서 사람과 로봇이 함께 달리고 있다.

으며, 달리기·멀리뛰기·축구·탁구 등 다양한 종목에서 로봇들이 경쟁했다. 아직은 넘어지고 비틀거리는 장면도 많았지만, 3~4년 후에는 지금보다 훨씬 정교하고 민첩한 로봇들이 뛰어다니는 모습을 볼 수 있을 것이다.

현재 중국에는 수많은 로봇 제조사들이 있지만, 그중에서도 특히 주목해야 할 기업은 유비테크와 유니트리다.

(1) 유비테크 UBTECH

유비테크는 2012년 설립된 기업으로, 이미 10년 이상의 기술 축적을 가진 회사다. 설립 2년 후인 2014년에는 소형 로봇 '알파 Alpha'를 출시했고, 2018년에는 중국 최초의 2족 보행로봇 '워커 Walker'를 공개했다. 이후 2024년에는 산업용 로봇 '워커 S' '워커 S1'을 출시했고, 2025년 하반기에는 가정용 휴머노이드 로봇 개발 계획을 발표했다.

유비테크의 로봇 라인업

유비테크가 보유한 특허는 3,000개 이상으로, 세계 최대 규모다. BYD, 지커ZEEKR, 폭스콘Foxconn 등 중국을 대표하는 제조사들을 협력사로 두고 있는데, 이런 점에서 유비테크의 산업용 로봇 상용화 속도는 전 세계에서 가장 빠르다는 평가를 받고 있다.

2025년 7월 공개한 '워커 S2'가 공장에서 실제로 일하는 모습을 보면 정말 놀랍다. 좁은 통로에서 다른 로봇들과 협력하며 물건을 정리하고, 정교한 손동작으로 부품을 집어 옮긴다. 인간의 눈처럼 사물을 입체적으로 인식하고, 허리는 162도까지 회전할 수 있다. 무엇보다 놀라운 점은 세계 최초로 3분 만에 배터리를 직접 교체해 24시간 연속 작업이 가능하다는 것이다.

주요 투자사는 텐센트Tencent, ICBC(중국공상은행), 센스타임SenseTime, BYD, 지리자동차Geely 등 중국의 대표적인 대기업들이다.

3분 만에 배터리를 직접 교체하는 '워커 S2'

유비테크 주가 추이

2025년 9월에는 2억 5,000만 위안(약 487억 원) 규모로 중국 유명 기업과 워커 S2 공급계약을 체결했다. 우리나라에서는 JM로보틱스를 통해 3.5억 원에 판매 중이다. 유비테크는 2023년 홍콩 증시에 상장했으며, 직접 투자하려면 홍콩 주식거래 서비스를 이용하면 된다.

(2) 유니트리Unitree

중국 로봇 기업 가운데 가장 주목할 만한 기업은 단연 유니트리다. 2016년에 설립된 유니트리는 '중국의 보스턴 다이내믹스'라고 불릴 만큼 제품군이 매우 유사하고 기술 수준이 높다.

2025년 중국 최대 명절인 춘절(春節) 행사에서 수십 대의 유니트

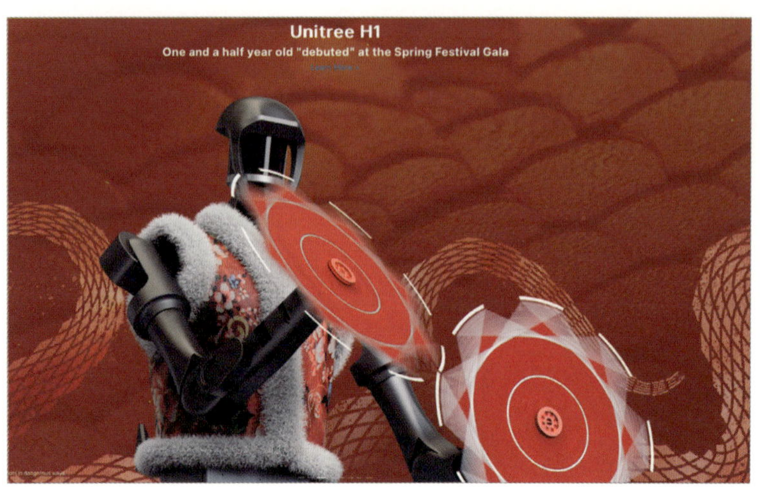

유니트리 H1이 2025년 새해 갈라쇼에서 로봇춤을 선보이고 있다.

리 휴머노이드 로봇이 단체로 군무를 추는 영상이 공개되며, 전 세계에서 큰 화제를 모았다.

유니트리가 전 세계의 주목을 받는 이유는 크게 두 가지다.

첫째, 다양한 제품 라인업을 갖추고 있다는 점이다. 4족 보행로봇 A1, Go1, Go2는 이미 챗GPT가 연동되어 있다. 2족 보행로봇 라인업으로는 H1, G1, R1이 있으며, 걷기·뛰기·공중제비·무술·권투·물구나무 등 다양한 동작을 자연스럽게 수행할 수 있다.

둘째, 압도적인 가격 경쟁력이다. 가장 비싼 모델인 H1의 가격은 약 9만 달러(약 1억 3,000만 원), G1은 약 1만 6,000달러(약 2,300만 원), 2025년 8월 출시된 R1은 5,900달러(약 800만 원)밖에 되지 않는다. 이 정도면 산업용은 물론, 가정용 시장까지 열 수 있는 가격이

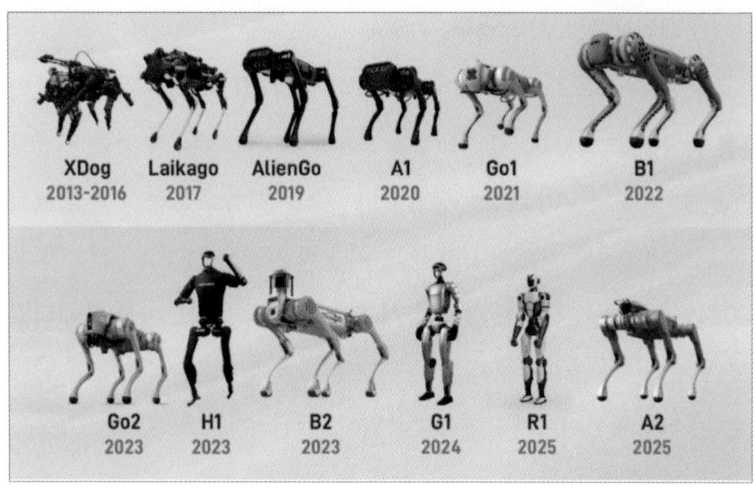

유니트리 로봇의 라인업

다. 또한 유니트리는 매년 신형 로봇을 발표하며 빠른 기술 순환주기를 보여주고 있다.

유니트리는 현재 최대 70억 달러(약 10조 원) 규모의 IPO를 추진 중이다. 국내에서는 영인모빌리티㈜가 공식 파트너로 협력하고 있다.

3) 한국 기업

2025년 4월, 산업통상자원부 주도로 'K-휴머노이드 연합 프로젝트'가 본격 시작되었다. 이 프로젝트에 참여한 기업들을 살펴보면 현재 국내 휴머노이드 관련 산업의 전반적인 구도를 한눈에 파악할 수 있다. 그중에서도 휴머노이드를 실제로 직접 제작·판매하는 대표적인 기업, 레인보우로보틱스와 로보티즈에 대해 알아보자.

(1) 레인보우로보틱스 **Rainbow Robotics**

레인보우로보틱스는 한국 휴머노이드 로봇의 역사라 할 수 있다. 이 회사는 2004년 출시된 2족 보행로봇 '휴보 **Hubo**'를 만든 KAIST 오준호 교수가 2011년에 창업했다. 주요 제품으로는 4족 보행로봇 RBQ-10, 협동로봇 RB 시리즈, 이동형 양팔 로봇 RB-Y1이 있다. 2024년 3월 공개된 RB-Y1은 출시 1년 반 만에 100대 이상 판매되었고, 2025년 12월에는 휴대용 용접로봇 '코봇'이 HD현대중공업 현장에 35세트 배치되었다.

2023년, 삼성전자가 868억 원을 투자해 14.7%의 지분을 인수했고, 이후 2024년 12월 콜옵션을 행사해 59.44%의 지분을 확보하며 레인보우로보틱스는 삼성전자의 자회사가 되었다. 오준호 대표는 삼성의 미래로봇추진단장을 맡아 삼성전자의 휴머노이드 로봇 사업을 총괄하고 있다.

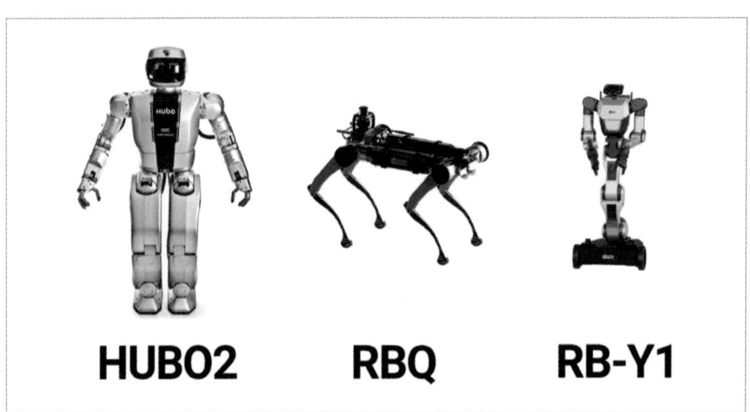

레인보우로보틱스의 주요 제품군

레인보우로보틱스 주가 추이

(2) 로보티즈 Robotis

로보티즈는 1999년에 설립된 기업으로, 로봇산업의 핵심부품을 직접 개발·생산하고 있다. 대표 제품은 '다이나믹셀' 액추에이터와 '다이나믹셀 드라이브' 감속기로, 로봇의 구동을 정밀하게 제어하는 핵심장치다.

2025년 4월에는 상반신만 있는 세미 휴머노이드 로봇 'AI Worker'를 선보였고, 같은 해 7월에는 오픈AI에 납품 계약을 체결하며 큰 화제가 되었다. 10월에는 보스턴 다이내믹스에 액추에이터 700개 공급계약을 맺었다. 그 결과, 2025년 초 3만 원대였던 주가는 11월에 20만 원까지 급등했다. 로보티즈는 2018년 10월 코스닥에 상장되었다.

피지컬 AI를 위한 휴머노이드 로봇 플랫폼, AI Worker 데모 시연 영상

로보티즈 주가 추이

휴머노이드 소재·장비 기업

살펴보았듯 휴머노이드는 수많은 '부품'으로 이루어진 고급화된 기계다. 따라서 휴머노이드 시장이 성장할수록 부품과 관련된 기업들 역시 성장할 수밖에 없다.

앞에서 본 로보티즈는 대표적인 부품기업으로, 로봇용 액추에이터 공급이 매출의 90%를 차지할 정도다. 이외에도 모터·감속기·액추에이터를 포함한 '구동계'와 관련된 부품기업은 하이젠알앤엠이 있다. 2007년 오티스엘리베이터코리아 산업용 모터 사업부를 인수하며 시작한 회사로, 모터 기술력과 감속기, 드라이브가 통합된 자체 액추에이터를 개발해 핵심 공급사로 성장했다. 에스피지SPG 역시 로봇용 정밀감속기 기술을 가진 곳으로, 국내에서 유성형·하모닉형·RV형 3종의 정밀감속기를 모두 양산하는 회사다.

카메라와 라이다 분야에서는 LG이노텍이 있다. 앞서 이야기한 피규어AI에 카메라 모듈 공급을 논의 중인데, 향후 4년간 10만 대를 생산할 계획이기 때문에 전량을 수주하게 되면 매출뿐 아니라 이에 따른 기술력 향상도 기대된다. 삼성전기 역시 휴머노이드용 카메라 모듈과 액추에이터를 개발하며 많은 회사들과 공급을 논의하고 있다.

배터리는 LG에너지솔루션, 삼성SDI, 에코프로비엠 등이 지속적으로 관심을 받고 있다.

휴머노이드 플랫폼 기업

휴머노이드의 부품을 조립했다고 해도 그냥 움직이는 게 아니다. 인간과 같은 움직임을 하기 위해서는 막대한 양의 운동(모션) 데이터를 입력하고, 이를 바탕으로 학습(시뮬레이션)을 시켜야 한다. 여기에 대표적인 기업이 바로 '엔비디아'다.

엔비디아는 피지컬 AI와 로봇공학 분야를 위해 설계된 휴머노이드 전용의 두뇌 칩인 젯슨 토르**Jetson Thor** 플랫폼을 가지고 있다. 이 플랫폼은 로봇이 움직일 때 필요한 빠른 계산과 센서 정보를 처리하는데, 이는 스마트폰의 핵심 AP나 컴퓨터의 CPU를 생각하면 된다. 토르를 기반으로 한 파운데이션 모델 Isaac GROOT는 로봇 학습의 기반이 되고, NVIDIA Isaac은 이와 연결되어 로봇 제어, 시뮬레이션, 개발 환경을 제공하는 소프트웨어 플랫폼이다.

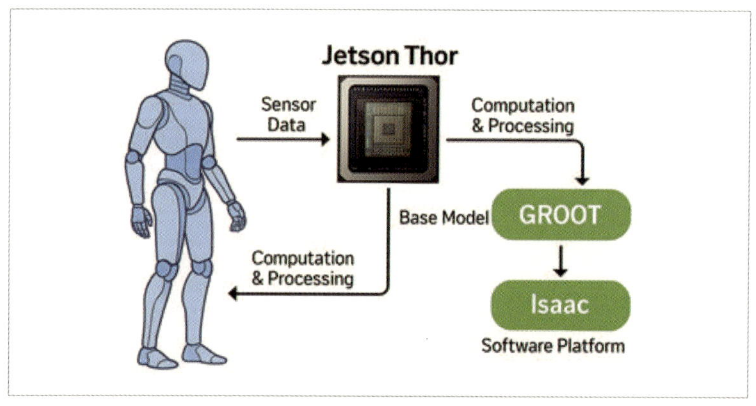

로보틱스와 피지컬 AI를 위한 최첨단 임베디드 컴퓨팅 플랫폼, 젯슨 토르

엔비디아는 이미 피지컬 AI의 시대에 맞춰 플랫폼 시장을 장악해
놓은 상태다. 피규어AI, 애질리티 로보틱스와 같은 기업들이 실제로
채택해 사용하고 있다.

미국 | BOTT Themes Humanoid Robotics ETF

투자 개요 휴머노이드 로보틱스 및 자동화 기술 기업들을 글로벌로 망라해 투자하는 테마형 패시브 ETF

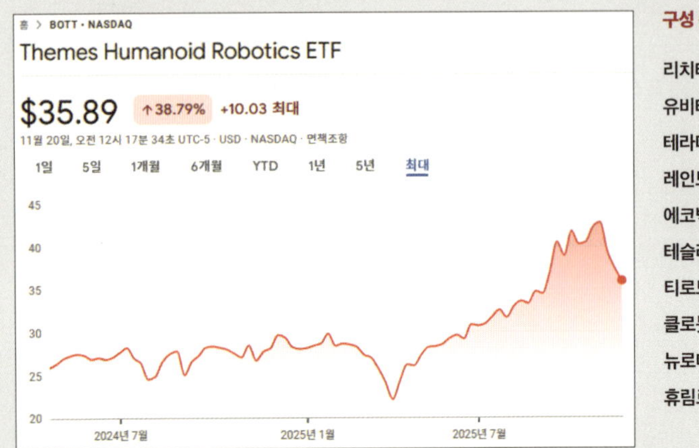

구성 종목

리치테크 로보틱스
유비테크 로보틱스
테라다인
레인보우로보틱스
에코백스 로보틱스
테슬라
티로보틱스
클로봇
뉴로메카
휴림로봇 등

PLUS 글로벌휴머노이드로봇액티브

투자 개요 휴머노이드 로봇 핵심기업 및 관련 소부장(센서·액추에이터) 글로벌 기업에 투자하는 액티브 ETF

구성 종목

테슬라
레인보우로보틱스
로보티즈
현대차
삼현
암바렐라
LG이노텍
에스피지
하모닉 드라이브 시스템스
하이젠알앤엠 등

RISE 미국휴머노이드로봇

투자 개요 미국 휴머노이드 로봇 지수에 추종하는 국내 상장 테마형 ETF로, AI와 로봇 하드웨어·소프트웨어 밸류체인 기업에 투자

구성 종목

인튜이티브 서지컬
테라다인
엔비디아
로크웰 오토메이션
테슬라
AMD
인텔
지브라 테크놀로지스
메드트로닉
허니웰 인터내셔널 등

TIGER 차이나휴머노이드로봇

투자 개요 중국 및 홍콩 상장 휴머노이드 로봇 기업과 핵심부품 기업을 지수 추종 방식으로 투자하는 ETF

구성 종목

유비테크 로보틱스
삼화
항립유항
신비정보
웨이얼반도체
회천기술
도봇
서니옵티컬
장영정밀
탁보그룹 등

3장

BMI

뇌와 기계가 연결되는 순간

인간의 뇌와 기계의 결합

손안의 스마트폰을 내려놓을 수 있는 세상을 상상해 보자. 지하철 안에서 모두가 눈을 감고 있다. 그런데 어떤 사람은 미소를 짓고 있고, 어떤 사람은 슬퍼 보인다. 이상한 모습들이다. 이들은 무엇을 하고 있는 걸까? 사람들은 각자의 칩을 통해 머릿속에 떠오르는 스크린을 보고 있다.

지하철에서 각자의 머릿속을 보고 있는 사람들 (제미나이 생성 이미지)

작은 칩 하나가 우리의 뇌 안에 삽입되어 영상과 음악이 뇌로 직접 스트리밍되는 시대가 오고 있다. 바로 BMI **Brain Machine Interface**의 세상이다. 물론 이렇게 SF 영화 같은 사례만 있는 것은 아니다. 기술은 이미 인간의 뇌를 증강시키는 단계에 도달하고 있다. 치매 환자의 기억 회복, 사지마비 환자의 운동능력 복원, 뇌졸중 후유증의 신경재활 등 의료분야에서 BMI 기술은 기적에 가까운 변화를 만들어내고 있다.

BMI란 무엇인가

BMI는 'Brain machine interface'의 약자로, BCI **Brain Computer Interface**라고도 한다. 인간의 뇌와 기계(혹은 컴퓨터)를 직접 연결하는 기술이다.

BCI에 대한 논의는 1973년, 캘리포니아 UCLA의 자크 비달 교수가 발표한 논문 〈Toward Direct Brain-Computer Communication〉에서 처음 등장했다. 비달 교수는 '인간의 뇌파 **EEG** 신호를 컴퓨터가 해석할 수 있다'고 주장했다. 뇌파 신호를 컴퓨터가 해석한다면 인간의 생각을 해석할 수도 있고, 생각만으로 컴퓨터를 조작할 수도 있다는 이야기가 된다. 이 가능성이 BCI의 시대를 열었다.

초기 연구는 '뇌 신호를 읽어내어 컴퓨터가 이해하게 하는 것'에 맞춰져 있었다. 뇌가 어떤 방식으로 명령을 내리는지에 대한 해석

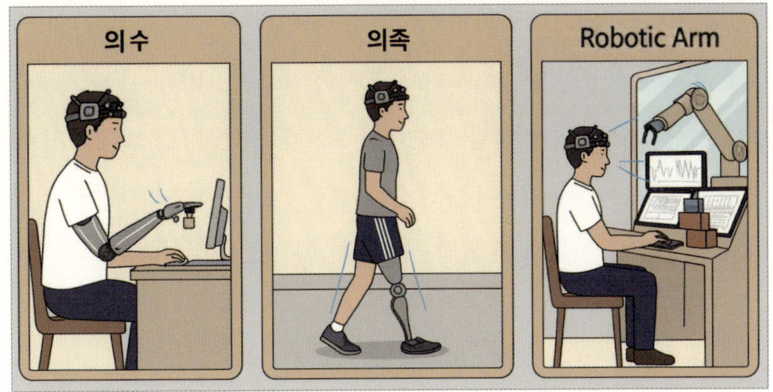

뇌파 신호와 의수, 의족, 로봇팔 등 기계장치와 연결 (제미나이 생성 이미지)

과 같다. 뇌의 명령을 해석할 수 있다면 그 명령으로 다른 기계를 움직이는 것도 가능하지 않을까? 컴퓨터를 생각해 보자. 컴퓨터에 명령을 내리기 위해 우리는 우리의 의지를 '입력'해야 한다. 입력의 도구는 키보드와 마우스다(이를 '입력장치'라고 한다). 마찬가지로 뇌파의 신호를 읽을 수 있다면 뇌파는 또 다른 '입력장치'가 될 수 있다. 1990년대 이후, 이 신호를 의수(義手)·의족(義足)·로봇팔 등 실제 기계장치와 연결하는 연구가 본격적으로 확산되었다. 이때부터 BCI보다 좀 더 넓은 개념인 BMI가 더 널리 쓰이기 시작했다.

급성장하는 BMI 시장

BMI는 더 이상 실험실 안의 기술이 아니다. 의료, 헬스케어, 국방, 산업 제어, 엔터테인먼트 등 다양한 분야로 확장되고 있다.

한국정보기술진흥원**KITPA**의 보고서에 따르면, BMI 시장 규모는 2024년 약 2조 8,400억 원 수준에서 2033년에는 15조 원대까지 성장할 것으로 예상된다. 이는 단순한 의료 기술을 넘어 '인간의 뇌와 기계가 공존하는 시대'가 제대로 열리고 있음을 의미한다.

2

장애 극복과
인간능력의 확장

　　BMI 기술 발전이 중요한 이유는 두 가지로 요약할 수 있다. 하나는 '장애 극복' 그리고 또 하나는 '인간능력의 확장'이다.

장애 극복 - 잃어버린 기능을 되찾다

　　BMI의 첫 번째 역할은 '장애 극복'이다. 사지마비, 뇌졸중, 루게릭병ALS 등 중증 신경계 질환 환자들에게 BMI 기술은 새로운 희망이 되고 있다. 신경신호를 해석하고 전기 자극을 전달해 환자가 다시 걷거나 팔을 움직이는 사례들이 많아지고 있다.

　　가장 두려운 병 중 하나인 치매 역시도 조기진단을 빠르게 할 수 있고, 우울증이나 불안증과 같은 문제들도 도움을 받을 수 있다. 장애를 극복하게 된다는 건 '기능 회복'을 넘어 '삶의 질'을 되찾을 수 있음을 뜻한다.

증강인간 - 인간능력을 확장하다

두 번째 역할은 '증강인간 Augmented Human'에 대한 관심이다. 증강인간은 HCI Human-Computer Interaction, 즉 인간과 컴퓨터의 상호작용 기술에서 출발한다.

이미 우리는 컴퓨터와의 연결을 통해 우리가 가진 능력 이상을 사용하고 있다. 작전 상황실에서 멀리 떨어진 현장 요원과 실시간 통신하는 '이어폰'은 인간의 청각을 증강시켰다. 자신이 가진 힘보다 더 큰 힘을 내게 만들어 주는 '엑소슈트'와 같은 웨어러블 디바이스는 인간의 신체 능력을 강화시켜 준다.

하지만 BMI는 이보다 한 단계 더 나아간다. 뇌에 바로 칩을 연결하게 되면 이어폰을 귀에 꽂지 않아도 된다. 그리고 칩 속에 들어있는 인공지능을 통해 매순간 정확한 판단을 내릴 수도 있다. 물론 이에 대한 우려도 적지 않다.

BMI에 대한 두려움과 시작점

존 스칼지의 SF 소설 《노인의 전쟁》에서 주인공은 '뇌도우미 BrainPal'라는 컴퓨터를 뇌에 삽입한다. 덕분에 데이터 링크를 통해 아군 및 본부와 실시간으로 대화하며 다양한 상황에 대처할 수 있다. 미국 드라마 〈블랙 미러〉 시즌 7의 '보통 사람들' 편에서는 뇌 손상을 도와주는 '리버 마인드' 칩을 받은 아내의 이야기가 나온다. 수술비는 무료지만 계속 작동시키기 위해서는 매달 구독료를 내야 하고, 기쁨·환희 등의 감정을 버튼 하나만으로 쉽게 조종할 수 있다. 무서운 일이다. 나도 모르는 사이에 기계에 의해 조종당할 수도 있는 미래의 모습이다.

나 역시 이런 수술은 굳이 받고 싶지 않다. 그렇기에 BMI 기술이 먼저 쓰일 분야는 정해져 있다. 바로 앞에서 이야기한 장애 극복과 의료혁신이다.

BMI 기술이 빨라진 이유와 형태

1973년부터 이야기되었던 기술이 꾸준히 주목받는 이유는 이 기술의 근간이 되는 컴퓨팅 파워가 커졌기 때문이다. 여기에 더해 생성형 AI의 등장은 시장을 더 빠르게 가속화하고 있다.

BMI 기술은 뇌와 어떻게 연결하느냐에 따라 침습형 Invasive과 비

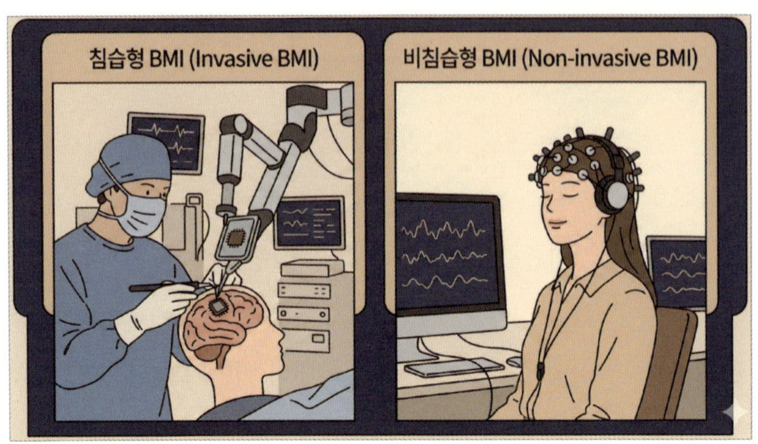

침습형(invasive)과 비침습형(Non-invasive) (제미나이 생성 이미지)

침습형**Non-invasive**로 구분한다. '침습형'은 말 그대로 뇌에 직접 칩을 삽입하는 방식이라 신호를 정확하게 측정할 수 있지만 두개골을 열어야 하는 수술이 필요하다. 대표적으로 테슬라의 뉴럴링크**Neuralink**가 이 방식을 사용한다. '비침습형'은 뇌파측정기**EEG**처럼 두피나 두개골 위에 전극을 부착해 뇌파를 읽는 방식이다. 이 방식은 안전하지만, 두개골과 피부에 방해받기 때문에 정확도 면에서는 떨어진다.

이와 관련된 기업들은 어떤 곳들이 있고, 어느 수준까지 왔는지 살펴보자.

3

누가 'BMI' 시장을
주도하는가

AI와 로봇이 결합된 '피지컬 AI'가 인간의 손과 발을 대신한다면, BMI는 인간의 생각과 의식 자체를 확장시킨다. 따라서 의료·헬스케어뿐 아니라 국방, 산업 자동화, 교육, 엔터테인먼트까지 모든 산업으로 확장될 수 있다.

여기에서는 BMI의 2가지 축 중 하나인 장애 극복, 즉 의료·헬스케어 쪽에 집중할 것이다. 이 거대한 흐름의 중심에 서 있는 기업들은 어디일까? 가장 활발히 연구를 진행 중인 글로벌 기업과 우리나라 기업부터 살펴보자.

의료·헬스케어 관련 BMI 기업

1) 글로벌 기업

(1) 뉴럴링크Neuralink

일론 머스크가 2016년 설립한 뉴럴링크는 현재 BMI 분야에서 가장 널리 알려진 기업이다. 1년 전인 2015년 머스크는 샘 알트먼과 함께 오픈AI를 설립했다. 설립 이유는 어느 한 기업이 인공지능 기술을 독점하지 않게 하기 위함이었다. 그 후 설립한 뉴럴링크 역시 비슷한 목적이었다. 인간을 뛰어넘는 AI가 걱정된다면 인간의 지능도 증강시키면 된다는 생각에서 출발했다.

뉴럴링크가 유명해진 이유는 머스크 스타일대로 다른 BMI 회사들보다 훨씬 더 적극적으로 자신들이 하는 일을 알려왔기 때문이다. 2020년에는 동전 크기의 칩을 돼지의 뇌에 이식해 실시간 신호를 보여주는 영상을 공개했고, 2021년에는 원숭이가 생각만으로 비디오 게임 퐁Pong을 조작하는 영상을 공개했다.

이후 2023년, 미국 식품의약국FDA으로부터 인간 대상 임상시험을 승인받아 2024년 1월 첫 이식 수술에 성공했다. 2025년 뉴럴링크의 발표에 따르면 총 12명의 참가자에게 이식이 이루어졌으며, 캐나다·영국·UAE에서도 임상시험 승인을 받았다. 이 참가자들은 생각만으로 컴퓨터를 제어해 글을 쓰고, 로봇팔로 그림도 그릴 수 있다. 앞서 살펴본 테슬라의 휴머노이드 '옵티머스Optimus'와 결합하면, 앞으로 인간이 로봇 의수나 의족은 물론, 로봇 전체를 자신의 신체처

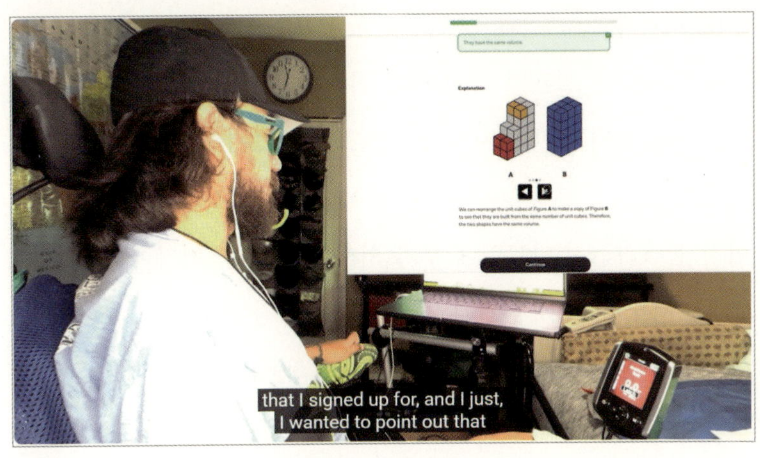

임상참가자가 뉴럴링크의 텔레파시 제품을 사용해 컴퓨터를 조작하고 있다.

럼 제어하는 미래도 상상해 볼 수 있다. 이 제품은 '텔레파시 Telepathy' 라고 불린다. 2025년 10월에는 루게릭병 환자가 생각만으로 로봇팔을 조종해 음료를 마시는데 성공했다.

뉴럴링크는 시각 피질에 임플란트를 이식해 시각을 복원하거나 향상시키는 '블라인드 사이트 Blind Sight'도 만들고 있다. 초기엔 저해상도를 보여주지만, 장기적으로는 초인적인 시각능력까지 가능하게 하는 것을 목표로 한다. 아주 오래 전 영화 〈600만 달러의 사나이〉가 생각나는 순간이다.

뉴럴링크의 기업가치는 2025년 기준 85~90억 달러(약 12조 원)로 평가받는데, 2년 전인 2023년 50억 달러에 비하면 놀라운 상승이다. 주요 투자사는 ARK인베스트(캐시 우드), 세쿼이아캐피탈, Founders Fund(피터 틸) 등이며, 상장은 2028년 전후로 전망된다.

(2) 머지 랩스 Merge Labs

오픈AI의 샘 알트만 역시 BMI 기술의 중요성을 강조하고 있다. 그는 안구 스캔 기반 디지털 ID 프로젝트 '월드'(2025년부터 공식명칭이 월드코인에서 월드로 바뀌었다)를 이끌던 알렉스 블라니아와 함께 '머지 랩스'라는 스타트업에 투자 의사를 밝혔다. 머지 랩스는 이름 그대로 Merge(통합), 인간과 기계의 완전한 결합을 목표로 한다.

아직 운영 단계 초기지만 샘 알트만의 참여로 업계의 관심이 집중되고 있으며, 추정 기업가치는 약 8억 5,000만 달러에 이른다.

(3) 블랙록 뉴로텍 Blackrock Neurotech

2008년 미국 유타 주에서 설립된 블랙록 뉴로텍은 BMI 분야의 가장 오래된 선도기업 중 하나다. 유타대 리처드 노먼 교수가 창업했으며, 그가 개발한 Utah Electrode Array(유타 전극 배열)은 오늘날 침습형 BMI 기술의 기반이 되었다.

이 회사는 2021년 Move Again(무브 어게인) 프로젝트를 통해 FDA로부터 혁신 의료기기 Breakthrough Device 승인을 받았고, 현재는 가슴 아래가 마비된 사지마비 환자 제임스 존슨이 Utah Electrode Array를 이식받은 채 6년째 주당 3~4회 정도 실험에 참여하고 있다. 그는 생각만으로 포토샵 프로그램을 조작해 실제 작품을 만들어내고 있다.

주요 투자사로는 암호화폐로 유명한 테더 Tether가 2024년 4월 2억 달러를 투자했고, 구글 벤처스 등도 투자에 참여했다. 일반 상용화

사지마비 환자가 Utah Electrode Array를 이식받아 포토샵을 조작하고 있다.

는 2029년 이후로 예상되고 있다.

(4) 패러드로믹스 **Paradromics**

2015년 미국 오스틴에서 설립된 패러드로믹스는 침습형 BMI 기기 'Connexus'로 주목받고 있다. 이 제품은 동전 크기의 장치를 뇌에 이식해 루게릭병이나 척수손상 환자의 신경신호를 복원하는 기술이다.

2025년 6월에는 실제 환자에게 이식 수술을 성공적으로 마쳤으며, 수술은 약 10분 만에 끝났다. 이 성과로 FDA의 혁신 의료기기 지정을 받았는데, 인간에게 이식하는 실험을 하기 전 3년간의 동물실험을 통해 기기의 신호 안정성이 2.5년 이상 지속됨을 입증받았기 때문이다.

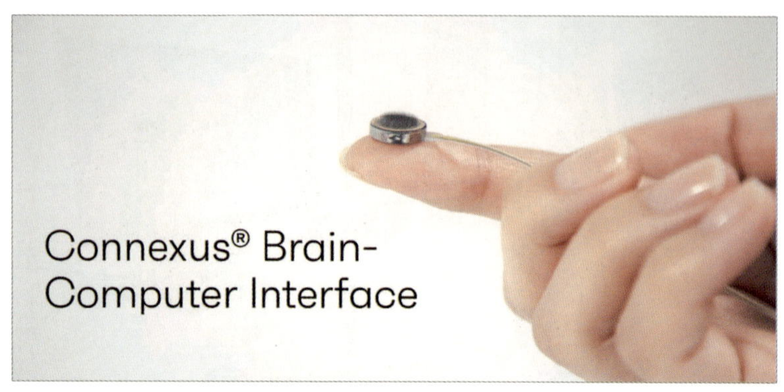

뇌에 이식하여 신경신호를 복원하는 BMI 기기, Connexus

2025년 2월에는 사우디 NEOM NIF으로부터 대규모 투자를 유치하며 강력한 자금 기반을 확보했다.

(5) 싱크론 Synchron

싱크론은 2016년 호주 멜버른에서 토머스 옥슬리 박사와 니컬스 오피 교수가 공동 설립한 기업이다. 싱크론의 가장 큰 장점은 두개골을 열지 않고도 이식이 가능하다는 점이다. 뇌 혈관 내에 스텐트로드 Stentrode라는 장치를 통해 뇌가 보내는 신호를 몸으로 전달해 뇌 신호를 직접 읽어내는 방식이다. 우리의 뇌는 '움직이고자 하는 의지'를 전기 신호로 만들어 몸으로 보내지만 뇌졸중이나 루게릭병 등으로 신호의 통로가 끊기게 되면 몸을 움직일 수 없게 된다. 싱크론은 이 부분을 연결하는 역할을 하려 한다.

2025년 8월, 싱크론은 루게릭병 환자가 생각만으로 아이패드를

루게릭병 환자가 생각만으로 아이패드를 조작하는 모습

조작하는 시연에 성공했다. 생각만으로 아이패드 앱을 열고, 글을 쓰고, 데이터를 전송하는 장면은 세계적으로 큰 반향을 일으켰다. 아이폰, 아이패드, 비전프로와 연결하게 되면 디지털 세상 속에 있는 정보를 읽고 활용하는 것도 가능해지는 것이다. 그런데 왜 아이패드일까? 그건 2025년 5월, 애플이 'BCI HID'라는 프로토콜을 발표했기 때문이다. 이는 뇌의 전기 신호를 애플 제품의 OS(iOS·iPadOS·VisionOS)가 입력장치로 인식하는 시스템으로, 싱크론의 기술과 완벽히 맞물렸다.

　주요 투자자는 빌 게이츠, 제프 베조스, 코슬라 벤처스**Khosla Ventures** 등이며, BMI 기업 중에서도 가장 빠르게 상용화 단계에 근접해 있는 회사로 평가된다.

2) 국내 기업

(1) 와이브레인 WiBRain

2013년 설립된 와이브레인은 비침습형 BCI 기술을 기반으로 신경정신과 질환 완화를 위한 '디지털 치료제' 개발 기업이다.

와이브레인의 대표 제품은 전기 자극을 이용해 우울증과 불안 증상을 완화하는 뇌 자극기 '마인드스팀 MindStim'과 사용자의 뇌파를 측정해 정신건강 상태를 분석하는 '마인드스캔 MindScan'이 있다. 마인드스팀은 2021년 식품의약품안전처 MFDS로부터 시판 허가를 받았고, 2022년에는 신의료기술 유예 대상에 선정되며 국내 150개 이상 병·의원에 도입됐다.

2024년에는 세라젬 Ceragem이 지분 투자를 통해 최대주주가 되었으며, 2026년 상장을 목표로 하고 있다.

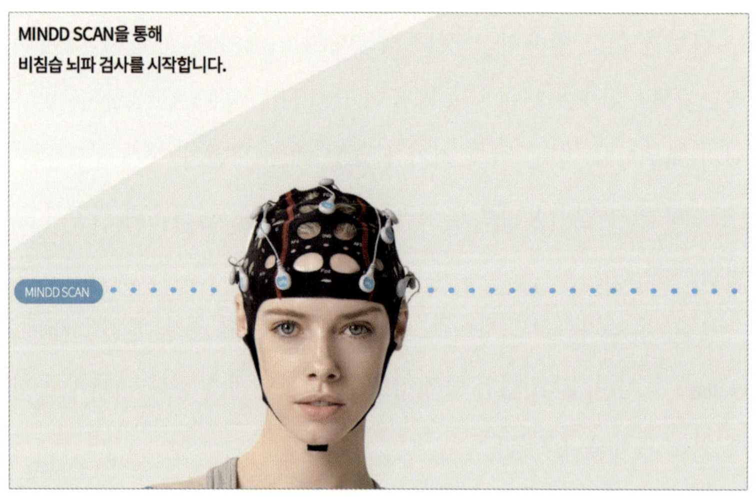

마인드스캔은 뇌파를 측정하고 정신건강 상태를 분석한다.

(2) 지브레인G-Brain

2019년 8월 설립된 지브레인은 국내 최초로 침습형 BCI 기기를 개발 중인 기업이다. 즉, 뇌 안에 직접 전극을 삽입해 신경신호를 해석하고 자극하는 기술이다.

지브레인은 뇌전증(간질) 환자를 대상으로 한 임상 연구를 하고 있는데, 2024년 12월에는 식품의약품안전처로부터 임상시험계획IND을 승인받았다. 2025년에는 '핀스팀PhinStim'이라는 완전 삽입형 전자약 기기가 식약처로부터 혁신의료기기 지정을 받았다. 이 기기는 파킨슨병 환자의 손떨림과 근육 경직을 완화하는 것을 목표로 한다.

2025년 6월에는 서울대병원에서 '지브레인 핀어레이PhinArray 피질전극'을 국내 환자에게 성공적으로 이식하는 장면이 공개되었다. 국내에서는 첫 사례로, 뉴럴링크와 같은 해외 선도기업들의 초기 기술단계를 국내에서도 구현하기 시작했다는 점에서 의미가 크다.

현재 2026년 상장을 목표로 기술 고도화 및 임상 확대를 진행 중이다.

BMI 기술은 분명 매력적인 기술이지만 우리나라에는 아직 BMI 관련 기업이 많지 않고, 상장되어 있는 회사나 ETF도 눈에 띄지는 않는다. 하지만 대부분의 기업들이 기술 상용화 시점을 2029년, 상장 목표를 2026년 이후로 두고 있어, 지금이야말로 장기적인 관점에서 주목할 시기다.

4장

메타버스

다시 돌아온 가상현실의 세계

1

다시 연결되는 세계, 메타버스

'메타버스Metaverse' 참 애증의 단어다. 누군가는 메타버스 붐에 올라타 큰 수익을 보았고, 누군가는 아직도 그 시기의 손실을 회복하지 못하고 있다. 한때 전 세계가 '메타버스가 미래'라며 열광했지만, 지금은 한발 물러서 조용히 지켜보는 분위기다. 그렇다면 왜 누군가는 메타버스를 떠났고, 또 누군가는 "다시 돌아온다"고 말하는 걸까?

이를 위해 메타버스를 다시 정리해 보자. 메타버스는 '확장된 가상세계'를 의미한다. 즉, 디지털세계와 현실세계의 연결인데, 이 연결을 위한 기기들과 연결의 형태에 따라 다음과 같이 구분할 수 있다.

먼저 딥 다이브Deep Dive가 있다. 보통 영화나 애니메이션에서 보는 가상세계로 들어가기 위한 '캡슐' 형태로, 여기에 들어가면 현실과 완전히 분리되어 가상세계로 들어갈 수 있게 된다. 몸은 현실에 있지만 의식은 가상으로 넘어가 진짜 살아있는 것처럼 느끼는 형태다.

둘째, VR **Virtual Reality**(가상현실)이 있다. VR은 보통 VR 헤드셋을 착용해 이루어지는데, 눈앞에 가상세계가 나타나고 그 안에서 움직이는 모든 사물들도 다 가상의 데이터다.

셋째, AR **Augmented Reality**(증강현실)이 있다. 안경이나 고글 형태의 디바이스가 대표적이다. 눈앞에 보이는 현실세계 위에 대화창이 나타나거나, 또 다른 사물이 보이는 등 현실과 가상 양쪽의 세계가 함께 보이는 방식이다.

넷째, XR **eXtended Reality**(확장현실)이 있다. 좀 더 빨리 오느냐, 좀 더 느리게 오느냐의 차이일 뿐 현실과 가상을 넘어 이 둘이 믹스된 XR 세상은 빠르게 오고 있다. 그 시작은 '스마트글래스'다. VR 헤드셋은 너무 크고 무거우며, 길거리에 쓰고 다니기에는 우스워보인다. 반면 스마트글래스는 안경과 비슷한 디자인이어서 착용하는 사람도 편하고 보는 사람도 편하다. 처음부터 눈앞에 화려한 디지털 콘텐츠가 보이지 않아도 된다. 눈앞에 네비게이션 지도가 보여지고, 간단한 문자를 확인하는 것부터 시작해 눈앞의 사물에 대해 AI와 대화하는 것으로 이어지게 된다. 이 미래는 이미 시작되었다.

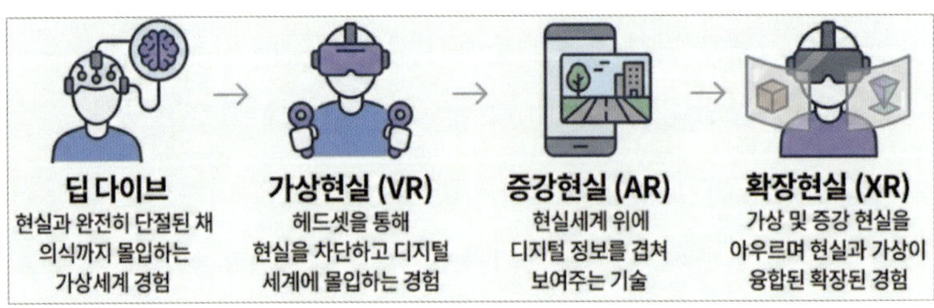

2

꾸준히 성장하는
메타버스

메타버스가 지속적으로 성장하는 데에는 이유가 있다. 이미 우리가 '현실 속의 디지털 인간'으로 살아가고 있기 때문이다. 평소 궁금한 게 생기면 스마트폰을 꺼내 검색하고, 눈앞의 꽃 이름이 궁금할 땐 사진을 찍어 이미지 검색을 한다. 이제는 GPT의 시대가 되었으니 AI를 활용하면 더 빠르게 궁금증을 해결할 수 있다.

이렇듯 우리는 이미 스마트폰을 통해 증강인간**Augmented Human**의 삶을 살고 있다. 그런데 스마트폰이 아니라 원하는 정보를 눈으로 바로 확인할 수 있다면 더 편하지 않을까? 길을 걸을 때 구글이나 네이버 지도를 확인할 필요 없이 눈앞의 화살표가 방향을 알려주는 세상, 외국인과 대화할 때 그들의 말이 실시간 번역되어 눈앞에 자막으로 보이는 세상을 살 수 있다.

여기에 더해 물리적인 이동 거리도 해결된다. 가상세계 속에서 사람들을 만날 수 있다면 지금 생각하는 것 이상의 확장된 현실세계를 살 수 있게 된다. '메타버스'를 미래로 보는 이유 중 하나다.

이미 시작된 미래, 너무 빨랐던 투자

메타버스에 대한 관심이 폭발적으로 높아진 시점은 2021년, 코로나 팬데믹 때였다. 코로나로 모두가 집에 있어야 했던 그 시기에, 로블록스Roblox, 제페토Zepeto, 게더타운Gather Town 같은 가상공간 플랫폼들이 '현실의 대체공간' 역할을 했다. 하지만 팬데믹이 끝나자 사람들은 빠르게 다시 오프라인으로 돌아갔다. 메타버스는 코로나 이전부터 이미 시작된 미래의 길을 걷고 있었지만, 현실의 투자는 '지금 당장'의 결과를 원했던 결과다.

시장의 복귀 신호 - 메타버스 다시 주목받다

2024년부터 메타버스가 다시 주목받기 시작했다. 시장 전망을 보더라도 이 흐름은 명확하다. Grand View Research는 2024년 메타버스 시장 규모를 약 1,053억 달러(약 154조 원), 2030년에는 9,365억 달러(약 1,376조 원) 수준으로 성장할 것으로 예측했다. 약 46%의 성장률이다. 또한 Gartner는 '2026년까지 전 세계 조직의 30%가 메타버스 기반 제품이나 서비스를 도입하고, 전체 인구의 25%는 하루 1시간 이상 메타버스 공간에서 활동할 것'이라는 전망을 내놓았다.

물론 전망치는 어디까지나 예상일 뿐이다. 좀 더 확실한 게 필요하다. 이는 주식시장에서 확인할 수 있다. 메타버스 관련 해외 주요 기업들의 주가는 이미 2024~2025년을 거치며 회복했거나 더 상승하기도 했다.

메타버스와 생성형 AI와의 결합

메타버스의 부활을 이끈 또 하나의 핵심요인은 바로 생성형 AI다. 이전의 메타버스가 혼자 VR 기기 안에서 화면을 보는 수준이었다면, 이제는 AI와 함께 대화하고 협업할 수 있는 공간으로 진화했다. 예를 들어 XR(확장현실) 환경에서는 혼자 디지털 자료를 보는 게 아니라 함께 대화를 나눌 수 있는 생성형 AI가 있기에 더 많은 실질적인 기대를 모으고 있다.

3

누가 '메타버스' 시장을
주도하는가

메타버스 산업은 크게 세 가지 축으로 나뉜다. 하나는 소비자가 직접 사용하는 완제품(디바이스, 플랫폼), 다른 하나는 이를 가능하게 하는 핵심부품과 기술기업들, 마지막으로 메타버스에서 할 수 있는 콘텐츠 산업이다.

2021년 코로나 시기에 '가상의 공간'이 주목받았다면 2024년 이후의 메타버스는 보다 실질적인 '하드웨어'가 주목받고 있다. 메타버스를 가능하게 하는 하드웨어는 얼굴에 덮어쓰는 형태의 HMD **Head Mount Display**와 안경과 비슷하게 생긴 스마트글래스가 있다. 여기에서는 이런 디바이스들의 완성도를 높여 시장을 이끄는 기업들을 살펴보자.

XR 디바이스 완제품 관련 기업

완성도 높은 디바이스 시장을 이끄는 건 미국과 중국이다. 그리고 우리나라의 삼성전자가 갤럭시 XR로 매섭게 추격하고 있다.

1) 글로벌 기업

(1) 메타 Meta Platforms

메타는 메타버스 산업에서 가장 큰 영향력을 가진 기업이다. 2021년 10월, 페이스북 커넥트 행사에서 마크 저커버그는 회사 이름을 페이스북Facebook에서 메타Meta로 변경하며 "5년 안에 메타버스를 선도하겠다"고 선언했다. 이에 대한 시장의 반응은 냉정했다. 2021년 약 400달러까지 올랐던 주가는 2022년 100달러 아래까지 급락했다. 하지만 이후 반등을 넘어 급격한 상승세를 보이며 2025년 말 약 700달러에 가까운 주가 상승을 보였다. 이 상승의 배경에는 메타버스에 대한 기대뿐 아니라, 메타의 자체 AI 모델 라마LLaMA에 대한 시장 신뢰도 작용했다.

메타는 2024년 메타퀘스트 3Meta Quest 3와 레이밴 스마트글래스Ray-Ban Smart Glasses, 2025년 메타 레이밴 디스플레이Meta Ray-Ban Display를 공개하는 등 매년 새로운 XR 제품을 출시하며 시장을 선도해 왔다. 메타의 2025년 상반기 기준 XR 기기 점유율은 50% 이상으로, 업계 1위다. 특히 레이밴 스마트글래스는 2024년에만 100만 대 이상 판매되었고, 제조사 에실로룩소티카EssilorLuxottica는 2026년까지

메타 주가 추이

생산량을 1,000만 대로 확대할 계획이라고 밝혔다.

2025년 메타 커넥트 행사에서 공개된 메타 레이밴 디스플레이는 오른쪽 렌즈에 내장된 마이크로 디스플레이를 통해 스마트폰을 보지 않고 AI 어시스턴트와 대화하며 눈앞의 사물을 물어보거나 길 안내를 받고, 실시간 번역, 사진과 영상 촬영까지 할 수 있다. 또한 스마트폰 없이도 정교한 컨트롤을 위해 손목에 착용하는 '팔찌형 컨트롤러'도 공개했다. 이 제품의 가격은 799달러(약 120만 원)로, 다른 회사들의 XR 기기들에 비해 크게 비싸지 않아 시장의 관심을 모으고 있다.

다만 미국·영국·캐나다 등 영어권 중심으로 지역이 제한되어 있

렌즈에 디스플레이가 탑재되어 AR 기능을 제공하는 메타 레이밴 디스플레이

고, 영어만 지원된다. 그리고 페이스북, 인스타그램, 왓츠앱 정도만 연동되어 있어, 아직 스마트폰을 100% 대체하기에는 부족하다. 하지만 메타가 목표로 하는 것은 단순 기기 판매가 아닌 디바이스 기반의 플랫폼 생태계 확장이니 계속해서 관심을 가지며 지켜볼 필요가 있다.

(2) 애플 Apple

사실 꺼져가던 메타버스 시장에 불을 붙인 기업은 애플이었다. 2024년 초, 애플은 '공간 컴퓨터 Spatial Computer'라는 개념과 함께 '비전 프로 Vision Pro'를 공개했다.

기존의 VR 기기들이 '무엇을 할 수 있을까?'에 머물렀다면, 애플은 '지금 쓰는 기기들을 더 자연스럽게 확장하자'는 해답을 내놓았다. 공개된 영상 역시 대단했다. 비전 프로를 쓰면 완전히 가상에 들어가는 것이 아니라, 현실과 가상이 겹쳐 보이는 XR(확장현실) 환경에서 맥북·아이폰·아이패드의 인터페이스를 그대로 띄워 사용할 수 있다.

눈앞에 다양한 가상화면을 띄울 수 있고, 가상의 키보드를 사용할 수 있는 것도 장점이다. 아이폰으로 촬영한 공간영상**Spatial Video**을 3D보다 더 생생하게 재생할 수 있고, 영화를 볼 때도 나 혼자만의 대형화면을 볼 수 있다.

다만 3,500달러(약 500만 원)라는 높은 가격은 부담이었다. 각 언론에서의 추정치를 보면 2024년 말까지 판매량은 50만 대를 넘지 못했던 것으로 보인다. 2025년 10월 M5 칩이 탑재된 비전 프로가 공개됐다. 성능은 크게 높아졌고 가격은 그대로인 장점이 있었지만, 그래도 비싼 기기라는 점 때문에 판매량은 쉽게 늘지 않았다.

애플의 다음 도전은 메타의 레이밴 글래스와 비슷한 '스마트글래스'다. 애플이 만들어서 애플스러운 디자인의 스마트글래스가 나오게 될지, 또 하나의 아쉬운 제품이 나오게 될지 관심을 기울여보자. 어떤 제품이 나오든 앞으로의 세상은 뭔가를 얼굴에 쓰는 세상이라

XR 환경에서 애플 기기의 인터페이스를 통합한 공간 컴퓨터 '비전 프로'

는 건 분명해 보인다.

(3) 구글 **Google**

현재 XR 시장에서 가장 주목받는 잠재주자는 구글이다. 메타보다 더 주목받는 이유는 안드로이드 생태계의 확장성이 강력하기 때문이다. 즉, 구글의 XR 기기에서는 사용할 수 있는 애플리케이션이 무궁무진하다는 뜻이다.

2023년 2월, 구글은 삼성전자·퀄컴과의 3자 동맹을 발표했다. 애플의 비전 프로에 맞설 차세대 XR 플랫폼을 만들겠다는 계획이었다. 2024년 출시가 한 차례 연기된 후, 2025년 3월 MWC 2025에서 삼성전자는 '프로젝트 무한 **Project Infinite**'이라는 이름의 XR 헤드셋을 공개했다. 같은 해 5월 구글 I/O 행사에서는 한국 브랜드 젠틀몬스터와 협업한 스마트글래스 계획도 발표했다. 헤드셋 시장과 스마트

AI를 탑재해 사용자에게 필요한 정보를 실시간으로 보여주는 구글 XR 글래스

글래스 시장을 둘 다 잡겠다는 계획이다.

애플이 자사 OS와 디바이스를 완전히 통합한 생태계를 구축했다면, 구글은 열린 생태계**Open Ecosystem** 전략으로 접근한다. 그래서 애플의 제품은 사용하기 편리하지만, 파급속도 면에서는 구글 안드로이드 OS가 더 빠르다.

구글은 XR 시장에서도 같은 단계를 밟고 있다. 스스로 하드웨어를 만들기보다는 XR OS + AI 모델(제미나이)로 핵심 플랫폼을 장악하고, 삼성·젠틀몬스터·엑스리얼**XREAL** 등 다양한 제조사와 제휴를 맺는 방식이다. 이 방식은 과거 스마트폰 시장에서 'iOS vs 안드로이드 OS'의 구도를 만든 것처럼, XR 시대에도 안드로이드 진영의 확장을 가능하게 한다.

2) 중국 기업

메타버스 시장에서도 중국 기업들의 움직임은 거침없다. 스마트폰과 가전산업에서 축적한 하드웨어 제조기술과 엄청난 규모의 내수시장, 여기에 가격 경쟁력까지 더해지며 XR(확장현실)의 경쟁을 가속화시키고 있다.

(1) 오포**OPPO**

중국의 대표적인 스마트폰 제조사인 오포는 메타버스 디바이스 개발에 가장 적극적인 기업 중 하나다. 2021년 에어 글래스**Air Glass**를 처음 공개하며 한쪽 눈에만 디스플레이를 탑재한 스마트글래스

한쪽 또는 양쪽 렌즈를 통해 지도, 번역, 알림 등을 볼 수 있는 에어 글래스

를 선보였다. 2022년에는 일반 안경처럼 보이는 뿔테형 디자인으로 바꿨고, 양쪽 렌즈에 녹색 텍스트 형태로 지도·번역·알림 정보를 볼 수 있게 업데이트했다. 2023년에는 컬러 디스플레이 구현에 성공하며 AR 표시 정확도와 몰입감을 크게 높였다. 아직 상용화는 이루어지지 않았지만, 기술적인 완성도를 높이고 있기에 2026년 이후가 더 기대된다.

(2) TCL TCL Technology

TCL 역시 주목해야 한다. TCL은 원래 TV와 가전 중심 기업이었지만, 2021년부터 'NXTWEAR' 시리즈를 통해 스마트글래스 시장에 본격 진입했다.

TCL은 자회사 브랜드 레이네오 RayNeo 를 통해 'RayNeo Air'라는 혼합형 AR 글래스를 선보였는데, 이 제품은 안경 안쪽에 마이크로

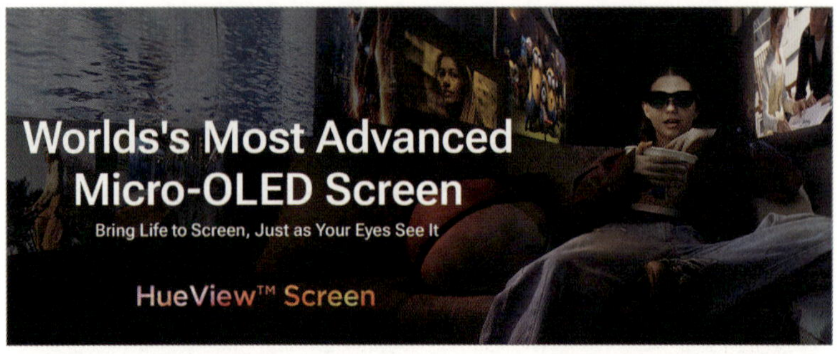

휴대용 디스플레이 기능을 갖춘 TCL RayNeo Air (아마존 홈페이지 캡처)

OLED 디스플레이를 내장해 스마트폰과 연결하면 최대 130인치 크기의 가상화면을 눈앞에 띄울 수 있다. 중국 기업들은 특히 이런 스타일의 글래스를 만드는데, 안경 안의 눈동자에 바로 화면을 비추기 위한 디스플레이가 들어있는 형태다. 기본적으로 스마트폰과 연결해 큰 화면을 보여주는 기능이 있다.

(3) 샤오미 Xiaomi

샤오미는 메타버스 시장에서 탄탄하게 기술력을 축적해 온 회사다. 샤오미는 과거 메타의 오큘러스 퀘스트 Oculus Quest를 OEM 생산한 경험도 있고, 독자적인 헤드셋도 출시했었다. 그런 샤오미가 2025년 6월, AI 글래스 AI Glass라는 이름으로 스마트글래스를 출시했다. 디자인과 기능 모두 메타의 레이밴 스마트글래스를 벤치마킹했지만, 가격 경쟁력이 압도적이었다. 출시가는 1,999위안(약 38만 원)으로, 레이밴의 절반 가격 수준이고, 실시간 번역, 음성 비서, 사진

실시간 통역, 촬영 기능, AI 음성 비서 등이 포함된 샤오미의 AI 글래스

촬영, 영상 스트리밍 기능을 지원하며, 샤오미의 자체 AI 어시스턴트 '샤오아이Xiao AI'와 연결된다.

(4) 알리바바Alibaba와 바이두Baidu, DPVR

알리바바는 '쿼크 AI 스마트글래스'를 선보였는데, 매장의 QR코드를 인식해 바로 결제가 가능하다. 바이두 역시 2024년 말 유사한 디자인의 'AI AR 글래스'를 공개했다.

DPVR은 중국의 VR 회사로, 2019년 퀄컴 XR1 프로세스를 탑재한 'AIO VR-P1 Pro'를 출시했다. 2025년 하반기에는 'DPVR G1'이라는 이름의 스마트글래스를 99.99달러라는 놀라운 가격에 내놓기도 했다. 샤오미에 비해서도 절반도 안 되는 가격이라 카메라 해상도나 AI의 인식도는 떨어지지만, 눈앞에 있는 사물을 촬영하거나 AI

와 간단한 소통이 가능한 제품이다.

3) 한국 기업

(1) 삼성전자

2025년 10월 22일 드디어 삼성전자의 XR 헤드셋 '갤럭시 XR'이 출시되었다. 앞서 이야기한 삼성전자·구글·퀄컴이 함께한 제품이다 보니 많은 기대를 받았다.

우선 가격은 애플 비전 프로의 절반 정도인 269만 원으로, 일반 소비자들이 느끼기에는 비싸 보이지만 투자된 기술과 부품들의 가격을 생각하면 이해할 수 있는 가격이다. 비전 프로, 메타퀘스트와 마찬가지로 갤럭시 XR 역시 현실과 가상을 넘나들며 사용할 수 있는 '패스스루Pass-Through' 기능을 제공한다. 이는 헤드셋 외부의 카메

구글의 새로운 안드로이드 XR 운영체제를 탑재한 최초의 기기, 갤럭시 XR

라를 통해 현실의 장면을 그대로 보여주면서, 그 위에 3D 그래픽과 같은 가상 정보를 자연스럽게 겹쳐 보여주는 기술이다.

갤럭시 XR에서 주목할 점은 두 가지다. 첫째 '제미나이와의 연동'이다. 구글의 인공지능과 연동되기 때문에 사용자는 XR을 쓴 상태에서 제미나이에게 명령을 내려 번역을 요청하거나 지도 활용, 정보 검색 등을 할 수 있다. 둘째 '안드로이드 생태계'의 활용이다. 안드로이드폰에서 사용가능한 거의 모든 안드로이드 앱을 실행할 수 있어 활용도는 무한대에 가깝다.

XR 디바이스 핵심부품 관련 기업

앞서 살펴본 메타, 애플, 구글, 삼성전자 같은 완제품 기업들은 메타버스 산업의 '얼굴'이자 소비자와 직접 만나는 기업들이다. 하지만 그 이면에는 수많은 부품·소재 기업들의 기술력이 숨어 있다.

XR 기기를 구성하는 핵심부품은 크게 칩셋, 디스플레이, 렌즈, FPCB, 센서, 배터리, 오디오 등 7가지로 구분된다. 이 중에서도 칩셋, 디스플레이, FPCB는 기기의 성능과 완성도를 좌우하는 3대 핵심축이다. 하나하나 살펴보자.

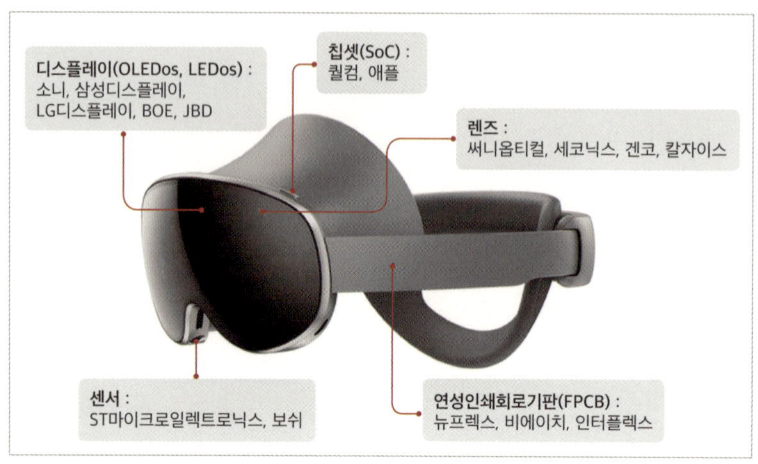

XR·VR 기기 핵심부품 및 관련 기업

1) 칩셋 - XR의 두뇌

XR 기기의 구동 중심은 PC나 스마트폰과 마찬가지로 칩셋**SoC**이다. 이 시장은 사실상 퀄컴과 애플의 양강 체제다. 다만 애플은 애플칩을 자사 제품에만 사용하기 때문에, 실질적으로 퀄컴이 XR 칩 시장을 독점하고 있다고 해도 과언이 아니다. 마치 iOS vs 안드로이드 OS의 시장 양분과도 비슷하다.

(1) 퀄컴**Qualcomm**

퀄컴의 스냅드래곤**Snapdragon** XR 시리즈는 XR 산업의 표준처럼 자리 잡고 있다. XR2 Gen 2 칩은 메타퀘스트 3, 피코**Pico**, 갤럭시 XR 등에 탑재되었고, 스냅드래곤 AR 시리즈는 메타 레이밴, TCL, 오포 등 스마트글래스 제품군에 사용된다.

메타퀘스트 안의 탑재된 스냅드래곤 XR2 Gen 2 칩

　미국 나스닥에 상장되어 있는 퀄컴은 2025년 11월 기준 170달러 가량으로 5년 전인 2020년 140달러 수준에 비해 약 20% 정도 상승하며, 꾸준히 성장하는 기업 중 하나다. 특히 XR 분야뿐 아니라 PC

퀄컴 주가 추이

시장에도 진출해 고성능·고효율 칩을 제공하고 있어 앞으로도 주목할 필요가 있다.

(2) 애플 Apple

애플은 M 시리즈 칩을 비전 프로에 탑재했다. 초기모델은 M2를 탑재했고 이후에는 M5 칩을 탑재했다. 함께 사용되는 R1은 센서 데이터 처리용으로 카메라·센서·마이크 입력을 실시간으로 처리하는 역할을 한다. 기능상으로는 뛰어나지만 애플은 이 칩을 다른 회사들과 공유하거나 판매할 생각이 없어 성장에는 한계가 있어 보인다.

2) 디스플레이 – 현실을 가상으로 바꾸는 눈

XR의 몰입감을 결정짓는 핵심은 디스플레이다. 현재 디스플레이 시장은 크게 올레도스 OLEDoS와 레도스 LEDoS의 두 가지 기술로 나눌 수 있다.

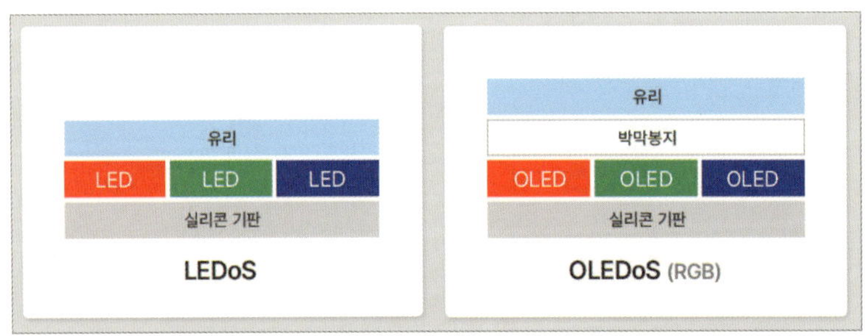

무기 발광 방식의 레도스와 자체 발광 방식의 올레도스　　　(출처 : 삼성디스플레이 뉴스룸)

(1) 올레도스OLEDoS, OLED on Silicon

올레도스는 실리콘 기판 위에 OLED를 붙여서 만들며 VR 기기에 주로 사용된다. OLED는 전류가 흐르면 픽셀이 빛을 내는 '자체 발광' 방식이기에 명암비가 상당히 뛰어나다.

올레도스 시장은 소니, 삼성디스플레이, LG디스플레이, BOE가 선전하고 있다. 이 중 선두주자는 소니Sony다. 소니는 비전 프로와 갤럭시 XR에 패널을 공급하고 있다. 삼성디스플레이는 2023년 미국의 올레도스 기업 이매진eMagin을 인수해 기술력을 확보했다. 같은 해 11월 초 올레도스 양산에 돌입했고, 갤럭시 XR에 탑재되었다. 이를 토대로 올레도스 시장에 본격 진출을 선언한 셈이다.

LG디스플레이는 SID 2024에서 스마트워치용과 VR용 올레도스를 공개했다. 하지만 XR 시장이 아직 크지 않고, OLED 최대 고객인 애플 비전 프로의 시장성이 확정되지 않아 사업 확대에는 한계가 있다.

중국 기업인 BOE의 자회사인 BMOT와 SeeYA는 2026년부터 메타퀘스트에 올레도스를 공급할 예정이다.

국내 중소기업 중에서는 선익시스템이 두각을 나타내고 있다. 1990년 설립되어 2017년 코스닥에 상장한 기업으로, OLED·OLEDoS용 증착장비를 제조하고 판매한다. 현재 소형 OLED 증착기 시장 세계 1위를 유지하고 있다. 2018년에는 중국 SeeYA에 295억 원 규모의 장비를 공급했고, 2023년에는 322억 원의 올레도스 양산용 증착기 공급계약을 체결했다. 2020년 BOE에 276억 원 규모의 장비를 공급했다. 선익시스템은 2025년 평택에 신공장을 착공해

선익시스템 주가 추이

8.6세대 OLED 증착기와 올레도스 장비를 생산할 예정이다.

(2) 레도스 LEDoS, LED on Silicon

레도스는 실리콘 기판 위에 무기 발광 소자인 Micro LED를 결합한 디스플레이다. 올레도스보다 훨씬 밝고 내구성이 높아, 야외용 AR 글래스에 적합하다. 다만 픽셀 배열 정밀도와 공정 난이도가 매우 높아 아직 상용화 초기 단계로, 차세대 기술로 주목받고 있다.

2025년을 기준으로 스마트글래스용 레도스 공급망을 구축한 곳은 중국의 JBD다. JBD는 세계 최초로 대량 양산 수준의 레도스를 만들어 메타의 차세대 AR 글래스 오라이언 Orion 시제품에 패널을 공급하고 있다. 2026년 이후 나스닥 상장을 준비 중이라는 이야기도 있다.

국내에서는 삼성디스플레이가 올레도스를, 삼성전자 반도체 **DS** 부문이 레도스를 맡아 개발하고 있다.

국내 중소기업 중에서는 사피엔반도체가 주목받고 있다. 2017년 설립되어 2024년 2월 코스닥에 상장한 사피엔반도체는 Micro LED 디스플레이 구동 반도체 **DDIC** 전문 팹리스 기업이다. 이 회사가 설계하는 DDIC는 퀄컴과 같이 AP 칩이 보낸 이미지·영상 데이터를 받아 디스플레이에 각 픽셀 단위로 정밀하게 제어하는 역할을 한다. AP가 두뇌라면 DDIC는 디스플레이라는 화면에 그리는 손이라 할 수 있다. 특히 레도스의 경우 픽셀이 더 작고 많기 때문에 기술 난이

사피엔반도체 주가 추이

도가 높은 편이다. 사피엔반도체는 메모리 내장형 픽셀 회로MiP 관련 특허와 기술력을 보유하고 있으며, 이 기술은 픽셀 내부에서 신호를 임시 저장하고 처리할 수 있게 해 고해상도와 저전력 구동이 필요한 AR 글래스에 최적화되어 있다.

사피엔반도체는 이 기술력을 바탕으로 글로벌 70개 이상의 기업과 기밀유지계약NDA를 체결했으며, 메타·삼성전자·알리바바 등 주요 XR 기업과의 협력 가능성이 높아 관심 있게 볼 필요가 있다. 다만 중소기업의 특성상 시장 변동성과 재무 리스크를 고려해 투자에 있어서는 신중해야 한다.

3) FPCB(연성인쇄회로기판) - XR의 신경망

FPCB Flexible Printed Circuit Board는 휘어지는 인쇄회로기판으로, XR 기기 안에서 다양한 부품들을 전기적으로 연결해 주는 역할을 한다. 이는 공간 제약이 큰 웨어러블 기기에서 필수 부품이다.

대표적인 국내 기업으로는 비에이치BH, 인터플렉스Interflex, 뉴프렉스Newflex가 있다. 비에이치는 아이폰 OLED 패널용 FPCB 주요 공급사이며, 인터플렉스는 삼성 갤럭시폰과 폴더블폰, XR 기기에 공급하고 있다. 뉴프렉스는 LG디스플레이, BOE 등과 협력관계를 맺고 있으며, 메타퀘스트에 단독 납품하는 회사로 주목받고 있다.

흠 > 085670 · KOSDAQ
뉴프렉스
₩4,520.00 ↑32.94% +1,120.00 최대
11월 19일, 오전 9시 52분 21초 UTC+9 · KRW · KOSDAQ · 면책조항
1일   5일   1개월   6개월   YTD   1년   5년   최대
KRW ₩2,383.00
2006. 2. 3.
수량: 106만
12,000
10,000
8,000
6,000
4,000
2,000
0
2010년   2015년   2020년   2025년

뉴프렉스 주가 추이

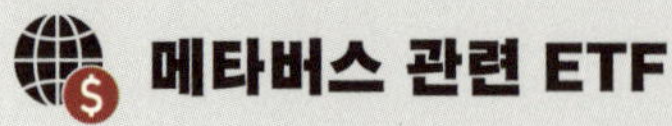

메타버스 관련 ETF

투자 개요 글로벌 메타버스 생태계(가상·증강현실, 3D 소프트웨어, 게임, 사회 연결 서비스 등) 관련 기업들에 분산투자하는 패시브 ETF

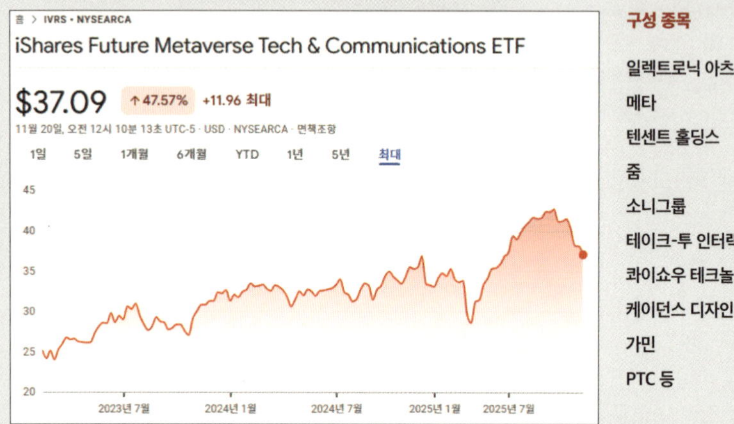

구성 종목

일렉트로닉 아츠
메타
텐센트 홀딩스
줌
소니그룹
테이크-투 인터랙티브 소프트웨어
콰이쇼우 테크놀로지
케이던스 디자인 시스템즈
가민
PTC 등

투자 개요 글로벌 메타버스 생태계(AR/VR, 디지털 자산, 가상 플랫폼 등) 관련 기업들에 분산투자하는 패시브 ETF

구성 종목

애플
로블록스
알파벳
엔비디아
3IQ 이더 스테이킹 ETF
3IQ 솔라나 스테이킹 ETF
퀄컴
마이크로소프트
TSMC
텐센트 홀딩스 등

TIGER Fn메타버스

투자 개요 국내 메타버스 관련 기업들을 담은 지수(FnGuide 메타버스 테마 지수)를 추종하는 테마형 ETF

구성 종목

네이버
LG디스플레이
LG이노텍
엔씨소프트
하이브
크래프톤
JYP
넷마블
펄어비스
에스엠 등

RISE 메타버스

투자 개요 국내 메타버스 생태계 관련 기업들에 투자하는 ETF

구성 종목

삼성전기
네이버
LG디스플레이
카카오
LG이노텍
하이브
크래프톤
JYP
넷마블
에스엠 등

5장

뉴에너지

AI 시대를 움직이는
보이지 않는 엔진

1

새로운 에너지
패러다임의 등장

앞으로의 미래는 지금보다 더 많은 전력을 필요로 하는 세상이 될 것이다. AI 데이터센터는 물론, 휴머노이드에 이르기까지 모든 것이 자동화되는 시대는 모든 분야에 더 많은 에너지를 사용하게 된다.

〈EE Times Europe〉의 전망에 따르면 2030년까지 네크워크와 데이터센터의 전력 수요는 지금의 3배 이상 증가할 것으로 예상된다. 특히 생성형 AI의 확산으로, 데이터 처리·저장·송전 과정 전체에서 막대한 전력이 필요해지고 있다. 이에 따라 전력 기술 혁신과 인프라 효율 개선, 그리고 지속가능한 에너지 전환의 중요성이 어느 때보다 커졌다.

결국 핵심은 '에너지를 얼마나 많이, 그리고 얼마나 안전하게 생산할 수 있는가'이다. 이 부분에 대한 고민이 새로운 에너지의 시대

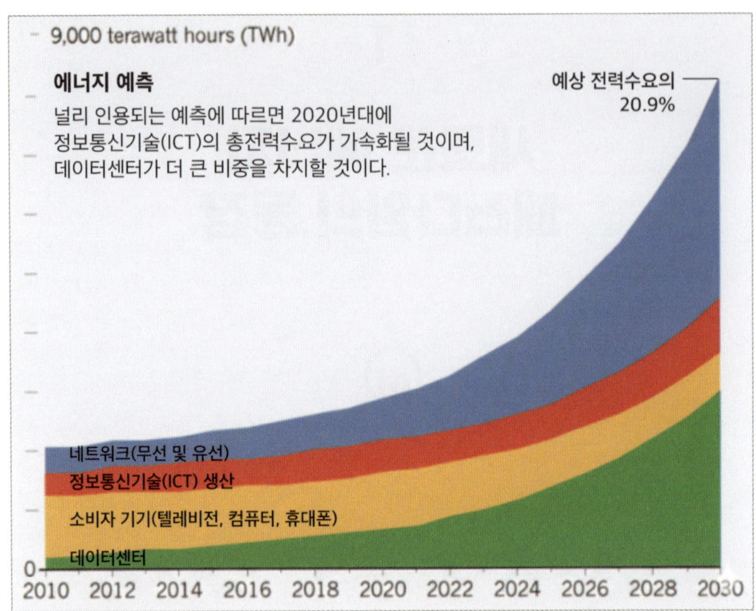

향후 10년 동안 데이터센터, 소비자 기기, ICT 생산, 그리고 네트워크의 에너지 소비 전망

(출처 : EE Times Europe)

New Energy를 이끌고 있다. 뉴에너지는 단순히 깨끗한 에너지, 신재생 에너지만을 의미하지 않는다. 태양광·풍력과 같은 재생에너지는 물론, 생산된 전력을 저장하고 효율적으로 배분할 수 있는 에너지저장장치ESS, 적은 면적에 최고의 효율을 낼 수 있는 장치인 소형모듈원자로SMR까지 아우를 수 있는 전체적인 생태계를 의미한다.

재생에너지

태양광·풍력·수력으로 대표되는 재생에너지는 지속가능한 발전의 상징이자 탄소중립시대의 기반이고, AI 인프라를 지탱하는 필수 에너지다.

태양광은 발전 단가가 꾸준히 낮아지고, 풍력은 대형화 기술이 발전하면서 단일 설비의 효율이 크게 높아졌다. 이러한 흐름은 '에너지 생산의 탈중앙화', 즉 중앙발전소 중심에서 분산형 전력구조로의 전환을 가속화하고 있다.

에너지저장장치(ESS)

ESS **Energy Storage System**는 쉽게 말해 '전기의 보조배터리'다. 낮 동안 태양광·풍력 등의 재생에너지나 화력·원자력 등 다양한 발전원에서 생산된 전력을 저장해 두었다가 수요가 급증하거나 공급이 불안정할 때 꺼내 쓰는 방식이다.

AI 데이터센터나 전기차 충전소처럼 전력 사용이 폭증하는 구간에서 ESS는 순간적인 부하를 완화하고 전력망을 안정화한다. 또한 수명이 다한 전기차 배터리를 재활용해 ESS에 적용하는 시도도 활발히 이루어지고 있다.

소형모듈원자로(SMR)

SMR **Small Modular Reactor** 은 기존 원자력발전소보다 훨씬 작은 규모로, 모듈화·표준화된 차세대 원전기술이다. 기존 대형 원전이 수십만kW급이라면 SMR은 단위 모듈당 약 30만kW 이하로 설계되어, 공장에서 미리 제작 후 현장에서 조립하는 '레고형 원전' 구조를 가진다.

이 기술의 가치는 '안정성'과 '효율성'에 있다. 냉각재 손실 사고를 원천 차단할 수 있는 수동 냉각시스템을 적용해 안정성이 높고, 필요에 따라 여러 모듈을 조합해 용량을 확장할 수 있어 경제성과 유연성이 뛰어나다.

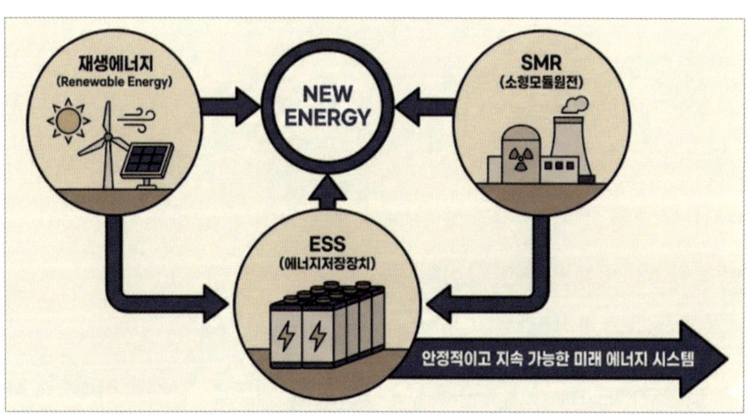

뉴에너지를 이끄는 핵심요소

2

뉴에너지의
필요와 한계

생성형 AI가 등장하면서 우리의 삶은 크게 달라졌다. 하지만 동시에 'AI는 전력의 블랙홀'이라는 비판도 커지고 있다. AI가 전력을 너무 많이 잡아먹기 때문이다. 특히 데이터센터의 경우 어마어마한 전력이 소비된다.

구글과 같은 검색엔진을 통해 검색을 할 때 질문 1건당 약 0.3~1Wh의 전력이 소비된다. GPT는 어떨까? 초기 GPT 모델(2023년 기준)의 경우 단일 쿼리에 응답하는 데 약 3Wh 전력을 소비한다고 알려졌다. 구글 검색보다 10배나 높은 수준이다. 그러나 2025년 2월 에포크 AI Epoch AI 발표에 따르면 GPT-4o 기준 쿼리당 0.3Wh로, 구글과 비슷한 수준까지 효율화되었다. 그런데 GPT-5의 경우 미국 로드아일랜드대학교 AI 연구소에 따르면 약 18.35Wh로, GPT-4 대비

8배로 증가했다.

거대한 규모의 전력을 소비하는 시설을 뜻하는 하이퍼스케일 **Hyperscale**급 데이터센터는 통상 100MWh급 전력을 말한다. 2027년 가동을 목표로 울산에 건설 중인 국내 최대 규모의 데이터센터는 약 40~50MWh 규모로 시작해 2029년에는 100MWh 규모로 확장할 계획이다. 여기에 더해 SK그룹의 최태원 회장은 한 세미나에서 글로벌 AI 경쟁에서 살아남기 위해서는 7년 안에 최소 1,400조 원을 투입해 20GWh 규모의 인공지능 데이터센터를 만들어야 한다고 강조했다.

이제는 전력 인프라를 어떻게 갖추느냐가 기술 발전의 속도까지 결정하는 시대가 됐다. 앞으로의 과제는 필요 전력을 충분히 공급받으면서도 단가를 낮출 수 있는 방안이다. 이를 해결하기 위해 재생에너지, 에너지저장장치**ESS** 그리고 소형모듈원자로**SMR** 등 뉴에너지가 부각되고 있다. 하지만 여기에도 한계와 리스크가 존재한다. 하나하나 살펴보자.

뉴에너지의 한계와 리스크

(1) 재생에너지

재생에너지는 본질적으로 자연조건에 의존하는 산업이다. 태양광은 햇빛이 있어야 발전이 가능하고, 풍력은 바람이 불어야만 전기를 생산할 수 있다. 이 때문에 발전량이 일정하지 않고, 기상조건에 따라 전력공급이 불안정해질 수밖에 없다.

특히 우리나라의 경우 재생에너지 산업은 분명 성장 가능성이 높지만, 여전히 한계도 명확하다.

첫째, 장비와 설비에 필요한 원재료와 부품의 공급망 리스크다. 태양광 패널과 풍력 터빈의 핵심부품 대부분이 중국산에 의존하고 있다. 국내 풍력발전기의 전동기 부품 84%, 클러치 부품 64%가 중국에서 수입된다. 국산화 비율이 낮아 공급망 불안이 커질 수밖에 없어 국내 기술력 강화와 부품 자립이 시급한 상황이다.

둘째, 날씨 변화에 따라 불규칙해지는 발전량(간헐성)과 낮은 가동률이다. 우리나라는 원자력발전소의 가동률이 90% 수준인 데 반해, 태양광은 평균 20%, 풍력은 30% 정도에 그치는 이유다. 이 때문에 단독으로는 전력시스템을 안정적으로 유지하기 어렵고, ESS나 SMR 같은 보완시스템이 함께 가야 한다.

이러한 한계를 감안하더라도 재생에너지는 세계 에너지산업의 거스를 수 없는 흐름이다.

(2) 에너지저장장치 ESS

재생에너지의 한계를 해결하기 위해 등장한 것이 ESS(에너지저장장치)다. ESS는 낮에 생산된 전력을 저장해 밤에 공급할 수 있다. 이런 점에서 ESS는 단순한 에너지저장장치를 넘어 전력망의 안정성과 효율을 높이는 핵심시스템으로 주목받고 있다. 2025년 약 86억 달러 규모였던 글로벌 ESS 시장은 2032년까지 연평균 25% 이상 성장할 것으로 예상된다.

하지만 이 산업 역시 리스크를 생각해야 한다.

첫째는 각 국가별 정책 리스크다. ESS는 정부의 보조금과 에너지 정책의 영향을 크게 받는다. 미국이 중국산 배터리와 원자재에 대한 고율 관세를 부과하면서 프로젝트 비용이 급격히 증가했고, 공급망도 불안정해졌다. 게다가 현재 미국 정부는 신재생에너지에 대해 부정적인 입장이기 때문에 단기간으로 보면 위축될 수밖에 없다. 중국은 '에너지 저장 의무화 정책' 철회 등 정책 변화가 잦고, 지방정부별 지원 규모도 천차만별이다. 우리나라 역시 각 정부의 산업 육성 의지에 따라 시장이 달라진다. 다행히 이재명 정부에서는 ESS를 '국가 에너지 전환의 핵심축'으로 보고 지원정책을 강화하고 있다. 결국 ESS 산업은 정책 방향성에 크게 영향을 받는다는 걸 알 수 있다.

둘째는 기술 리스크다. ESS는 고전압·고온의 배터리를 대량으로 다루기 때문에 화재와 폭발 등 위험이 있다. 이를 해결하기 위해 각 기업들은 열 관리 시스템, 배터리 셀 안정성, 신소재 개발 등에 집중하고 있다.

셋째는 가격 리스크다. 글로벌 배터리 시장 상위 10대 기업의 대부분이 중국 기업이다. 중국 기업들은 규모의 경제와 원가 경쟁력에서 압도적이고, ESS 완제품 시장에도 우위를 점하고 있다. 이에 따라 한국 기업들은 고품질·고안정성 기술력으로 차별화를 시도해야 한다.

(3) 소형모듈원자로 SMR

에너지 수요는 계속해서 늘어나고 있다. 이를 충족하기 위해 다양한 에너지원이 논의되고 있지만, 현실적으로 재생에너지만으로는 감당하기 어렵다. 그런 점에서 최대의 효율을 낼 수 있는 에너지원인 '원자력'에 계속적인 관심과 투자가 이루어지고 있다.

하지만 원자력발전소를 생각하면 가장 먼저 떠오르는 생각은 '두렵다'는 감정과 '거대하다'라는 이미지다. 우리나라에도 많은 원자력발전소가 있지만 우리는 굳이 그곳이 어디인지 찾지 않고 가지도 않는다. 혹시나 하는 두려움 때문이다. 안전성과 부지 확보라는 두 가지 문제를 동시에 해결하지 못한다면 원자력의 확산은 한계가 있을 수밖에 없다. 이 두 가지를 모두 개선하기 위해 등장한 해법이 바로 소형모듈원자로 SMR, Small Modular Reactor 이다.

SMR은 이름 그대로 작고 small, 단위별로 나누어 조립할 수 있는 modular 원자로다. 기존의 원전이 하나의 거대한 시설로 지어졌다면, SMR은 주요 부품을 공장에서 제작한 후 현장에서 조립한다. 덕분에 건설기간이 짧고, 규모가 작아 상대적으로 설치부지 제약이 적다. 일반적인 SMR은 높이 약 23미터(아파트 8~9층 높이), 축구장 절반 크기 정도의 면적만으로도 설치가 가능하다. 기술적으로도 원전은 경수로 PWR 방식을 사용하지만, SMR은 고온가스로·납냉각로 등 다양한 차세대 설계를 적용할 수 있다. 또 '모듈' 단위로 설계되어 있어 전력 수요에 따라 증설하거나 감축하기도 쉽다. 그리고 규모가 작기 때문에 건설기간을 크게 줄일 수 있다. 한마디로 안전성·효율성·유연성을 동시에 잡은 차세대 원전 모델인 셈이다.

우리나라는 이 분야에서도 선도적인 기술력을 가지고 있다. 2012년 한국원자력연구원이 개발한 SMART**System-integrated Modular Advanced ReacTor**가 세계 최초로 표준설계 인가를 받으면서, 우리나라는 SMR 기술의 초기 기반을 다졌다.

3

누가 '뉴에너지' 시장을 주도하는가

AI 시대의 에너지산업은 단순히 전기를 생산하고 공급하는 단계를 넘어, 데이터 인프라의 기반을 지탱하는 국가 전략산업으로 재편되고 있다. AI가 대규모 연산을 수행하기 위해서는 안정적이고 저렴한 전력 공급이 필수적이다. 여기에 필요한 재생에너지, 에너지저장장치ESS, 소형모듈원자로SMR 등 뉴에너지 산업에 두각을 나타내고 있는 기업들을 살펴보자.

재생에너지

AI 데이터센터와 클라우드 산업이 급속히 확장되면서 더 많은 전력이 필요하지만 무턱대고 원자력발전소를 늘리면 생태계는 지금보다 더 빠른 속도로 파괴된다. 이런 우려에 '탄소 없는 전력'에 대한 수요가 늘고 있다. 이에 따라 각국 정부와 글로벌 빅테크 기업들은 재생에너지 비중을 확대하고 있으며, 전력 확보를 위해 장기적인 전력 구매계약PPA을 체결하며 '청정에너지 확보 경쟁'에 뛰어들고 있다.

1) 글로벌 기업

재생에너지 산업에서 가장 주목받는 글로벌 기업은 미국의 넥스테라 에너지, 캐나다의 브룩필드 리뉴어블 파트너스가 있다.

(1) 넥스테라 에너지NextEra Energy

넥스테라 에너지는 북미 최대 청정에너지 발전 기업이다. 플로리다를 기반으로 약 1,200만 명에게 전력을 공급하는 '플로리다 파워 앤 라이트'와 북미 전역에서 발전 인프라를 개발하는 '넥스테라 에너지 리소스' 두 축으로 운영된다. 이 회사는 애리조나와 뉴멕시코 주에 약 740MW 규모의 태양광 및 ESS 시설을 구축했으며, 구글 데이터센터에 전력을 공급하고 있다.

CEO 존 케첨은 폴리티코 에너지 서밋에서 "천연가스 및 원자력발전소 건설은 비용이 많이 들고 시간이 오래 걸리기 때문에 수요 증가를 충족시키지 못한다"면서 2045년까지 탄소배출 제로Zero Carbon를 달성하겠다는 목표를 밝혔다.

넥스테라 에너지는 25년 이상 매년 배당금을 늘려온 배당 귀족주

넥스테라 에너지 주가 추이

로도 유명하다. 에너지기업 중에서도 드물게 '지속 성장'과 '안정 수익'을 동시에 갖춘 회사다.

(2) 브룩필드 리뉴어블 파트너스 Brookfield Renewable Partners

브룩필드 리뉴어블 파트너스는 캐나다 토론토에 본사를 둔 글로벌 재생에너지 투자·운영 기업이다. 넥스테라 에너지가 미국에서 사업을 한다면, 브룩필드 리뉴어블 파트너스는 북미·남미·유럽·아시아·호주 등 5개 대륙에서 재생에너지 사업을 하고 있다. 해당 나라의 수력, 풍력, 태양광, 저장장치 시설들을 소유하거나 관리하면서 전력을 생산하고 판매하는 '전 세계형 IPP Independent Power Producer'

모델이다.

특히 빅테크 기업들과의 장기 전력계약을 맺고 있는데, 2024년에는 마이크로소프트와 2026~2030년까지 10.5GW 규모(약 14조 원)의 재생에너지 공급계약을 체결했으며, 2025년 7월에는 구글과 20년간 최대 3GW 규모(약 4.2조 원)의 수력발전 전력 구매계약을 체결했다. 이 회사는 재생에너지를 단순한 친환경 사업이 아닌 AI·데이터 산업의 기반 인프라로 전환하고 있다.

브룩필드 리뉴어블 파트너스 주가 추이

2) 국내 기업

국내에서도 재생에너지 산업은 빠르게 성장하고 있다. 대표적인 기업은 대명에너지, 한화솔루션, 신성이엔지다.

(1) 대명에너지

대명에너지는 발전소를 직접 운영해서 전력을 판매하는 국내 대표 민간 발전사다. 2022년 코스닥에 상장했으며, 신재생에너지 관련 사업 개발·설계·운영 및 유지보수를 모두 진행하는 종합 솔루션 기업이다. 현재 17개의 ESS, 태양광, 풍력발전소를 운영하고 있으며, '한국의 넥스테라 에너지'로 불린다.

대명에너지 주가 추이

(2) 한화솔루션

한화솔루션은 태양광 모듈 시장의 글로벌 강자다. 특히 한화솔루션의 '큐셀Qcells' 부문은 미국·유럽 등 주요 시장에서 태양광 모듈 생산 및 판매, 태양광 발전소 개발·설계·조달·건설과 운영·유지보수 사업을 진행하고 있으며, 전 세계 모듈 점유율 1위를 기록하고 있다. 미국의 인플레이션감축법IRA 시행 이후 미국 내 태양광 생산설비 투자 확대와 현지 일자리 창출 계획으로 가장 큰 정책수혜 기업 중 하나로 평가받고 있다.

한화솔루션 주가 추이

(3) 신성이엔지

신성이엔지는 반도체·디스플레이 제조공정에 필요한 클린룸 기술로 시작했지만, 최근 태양광 발전 솔루션 기업으로 변신했다. 2025년 10월에는 공시를 통해 RFID 태그를 포함한 태양광 모듈 및 이를 위한 태그 특허를 취득했다고 밝혔다. 이 기술은 태양광 모듈 내부에 RFID 태그를 삽입해 제조·설치·유지관리·폐기 등 모듈의 전 생애주기를 추적·관리할 수 있다. 이를 통해 효율적인 유지보수와 데이터 기반 관리가 가능해졌다.

신성이엔지 주가 추이

에너지저장장치(ESS)

ESS **Energy Storage System** 의 핵심은 '전기를 저장하는 배터리'다. 그래서 배터리에 강점을 가지고 있는 기업들이 ESS에서도 강점을 가진다. CATL, BYD 같은 중국 기업들의 약진은 그래서 무섭다. 여기서는 ESS 완제품(시스템 통합) 기업들을 살펴보자.

1) 글로벌 기업

ESS 산업을 이야기할 때 빼놓을 수 없는 기업은 테슬라와 중국의 선그로우다.

(1) 테슬라 **Tesla**

테슬라는 전기차 회사로 잘 알려져 있지만, 이미 2016년 태양광 전문회사 솔라시티 **SolarCity** 를 26억 달러에 인수하여 테슬라 에너지 부문으로 재편했다. 태양광 전력을 저장하고 공급하는 가정용 ESS인 파워월 **Powerwall**, 대규모 전력망용 ESS인 메가팩 **Megapack** 등의 제품을 가지고 있다.

메가팩은 한 모듈당 약 3.9MWh의 전력을 저장할 수 있으며, 여러 개를 연결하면 발전소 규모의 저장시설이 된다. 캘리포니아 모스랜딩 ESS와 호주 혼스데일 파워 리저브는 테슬라의 ESS를 사용한다. 모스랜딩의 ESS 중 PG&E가 운영하는 엘크혼 배터리 시설은 256개의 메가팩으로 구성돼 있으며, 호주는 2017년 최초 가동 당시

테슬라의 가정용 ESS 파워월과 대규모 전력망용 ESS 메가팩

테슬라의 메가팩을 사용해 100MW 규모로 시작했다가 150MW로 확장했다. 이외에도 상하이 메가팩토리, 일본 시가현의 메가팩 프로젝트, 영국 필스우드, 호주 퀸즐랜드 웨스턴 다운즈, 애플의 ESS 등 테슬라의 ESS 사업은 전 세계로 빠르게 확장되고 있다.

2024년 기준, 테슬라의 자동차 부문 매출이 6% 감소한 반면, 에너지 저장 부문은 67% 성장을 기록했다. AI 시대의 전력발전소로 테슬라의 안정적인 매출이 기대되는 이유다.

(2) 선그로우 Sungrow

선그로우는 1997년 중국에서 설립된 신재생에너지 기업으로, ESS와 태양광 인버터를 포함한 통합 에너지 솔루션 제공업체다. 2002년 중국 정부의 '전기 없는 마을 태양광 공급' 사업에 참여하면서 성장하기 시작했다. 지금은 180여개 국에 제품을 수출하는 글로벌 기업으로, 태양광 인버터 시장에서 글로벌 1위, ESS 시장에서는 2위를 차지하고 있다. 대표 제품은 '파워타이탄 PowerTitan'으로, 액체 냉각기술을 적용해 안정성과 효율을 높였다.

선그로우 주가 추이

벨기에 빌보르드, 영국 브램리, 핀란드 시모, 이탈리아, 미국 플로리다아와 네바다는 물론 사우디아라비아까지 세계 각 지역별 조건에 맞는 ESS 제품을 판매하고 있다. 2011년 중국 심천증권거래소에 상장되었고, 2025년 10월 홍콩증권거래소에 상장 신청서를 제출했다. 국내에서는 'SOL 차이나태양광CSI'와 같이 선그로우가 포함된 ETF를 통해 투자할 수 있다.

2) 국내 기업

국내의 ESS 시장은 정부 주도의 대규모 프로젝트가 핵심동력이다. 정부는 2026년 12월 완공을 목표로 약 1조 원을 투입해 전북·전

남·강원·경북·제주 등에 '대규모 에너지저장장치**ESS** 사업'을 추진 중이다. 이 사업은 2038년까지 40조 원, 약 20GW 규모의 ESS를 단계적으로 건설하는 '국가 ESS 로드맵'의 출발점이다. 정부에서만 투자하는 단독 사업이 아니라 공공과 민간이 협력해 추진하는 민간 참여형 인프라 프로젝트다.

국내 ESS와 관련된 3대 기업은 삼성SDI, LG에너지솔루션, SK온이다. 세 곳 모두 2025년 7월 '2025년 ESS 중앙계약시장' 사업 입찰에 참여했는데, 삼성SDI가 1차 물량의 대부분을 수주했다. 미국의 대중국 배터리 관세 정책으로 인해 2027년까지 한국 기업의 미국 ESS 시장점유율이 50%에 이를 것이라는 전망도 나오고 있다.

(1) 삼성SDI

1970년 설립된 삼성SDI는 전기차·ESS용 2차 전지 분야에서 글로벌 선두를 지켜왔다. 2009년부터 ESS 사업을 준비해 2010년 실증 사업을 마친 후 본격적으로 사업에 진출했다. AI 데이터센터에 바로 연결해 사용할 수 있는 컨테이너형 ESS인 'SBB **Samsung Batttery Box**'를 개발했다. 이는 배터리·안전시스템·운영소프트웨어를 한 컨테이너에 통합한 완제품이다. 2025년 컨퍼런스 콜에서 '북미 지역의 ESS 매출 비중이 70% 이상'이라며 시장 확신을 보였다. 현재 넥스테라 에너지에 4,374억 원 규모의 배터리를 공급하고 있으며, 독일 테스볼트에도 SBB 1.0 모델을 납품했다. 2025년 10월에는 미국의 에너지 인프라 개발·운영업체와 2조 원대의 ESS용 LFP 배터리 계약을

삼성SDI 주가 추이

체결했다.

(2) LG에너지솔루션

LG에너지솔루션은 2020년 12월 LG화학에서 분사해, 전기차와 ESS 사업을 핵심으로 성장하고 있다. 2021년 미국 모스랜딩 ESS 프로젝트 일부에 신제품 TRI300 배터리 랙을 납품하며 주목받았다. 2025년 5월 컴팩트한 설치가 가능한 AI 데이터센터용 ESS 솔루션을 공개했는데, 이 솔루션은 무정전 전원공급장치UPS 역할을 수행해 데이터센터의 전력 효율성을 극대화할 수 있는 제품이다.

LG에너지솔루션 주가 추이

(3) SK온

SK온은 2021년 10월 SK이노베이션에서 분할된 회사로, ESS사업부를 대표이사 직속 조직으로 격상시킬 만큼 ESS 사업에 집중하고 있다. 2025년 9월에는 미국 재생에너지 기업 플랫아이언 에너지 개발Flatiron Energy과 1GWh 규모, 약 2,000~3,000억 원 수준의 ESS 공급계약을 체결했다. 미국 내 ESS 프로젝트 수요가 급증함에 따라 향후 북미 중심으로 매출 비중을 확대할 계획이다.

소형모듈원자로(SMR)

1) 글로벌 기업

미국의 SMR Small Modular Reactor 시장은 빠르게 성장하고 있다. 미국은 2025년 10월 육군과 국방혁신부가 협력해 초소형 원자로를 개발하는 프로젝트를 발표했다. 그리고 같은 해 12월 미국 정부는 SMR 조기 상용화를 위해 4억 달러(약 5,660억 원) 투자를 결정했다. 이외에도 다양한 지원정책으로 SMR 기업들의 수혜가 예상되고 있다. 대표적인 기업은 뉴스케일 파워, 테라파워, 카이로스 파워, 엑스에너지 등이다.

(1) 뉴스케일 파워 NuScale Power

뉴스케일 파워는 2007년 설립된 기업으로, 안전성에 있어서는 최고로 평가받는다. 미국 원자력규제위원회 NRC로부터 SMR 설계 인증을 받은 최초이자 유일한 기업이다. 이 회사의 대표 모델인 NPM은 전력 공급이 중단되더라도 자연순환방식으로 냉각이 가능하도록 설계해 안전성을 크게 높였다. 덕분에 사고나 전력 손실에도 안전하다.

2025년 9월에는 미국 테네시 밸리전력청 TVA과 엔트라원 에너지 Entra1 Energy가 7개 주에서 6GW 규모의 전력 공급계약을 체결하며, 뉴스케일 파워의 SMR 기술이 본격 상용화 단계에 진입했다. 이 계약으로 회사의 주가는 15% 이상 급등하기도 했다(엔트라원 에너지는 뉴스케일 파워의 SMR 기술을 상용화·배포·유통할 수 있는 독점권을 가지고

뉴스케일 파워 주가 추이

있다). 그리고 2022년 루마니아 정부와도 MOU를 체결하는 등 협력 논의가 활발하게 진행 중이다. 2021년 뉴욕증권거래소에 상장했다.

(2) 테라파워TerraPower

테라파워는 마이크로소프트 창업자 빌 게이츠가 2008년 설립한 기업으로 잘 알려져 있다. 테라파워의 SMR은 물보다 냉각률이 좋은 액체 나트륨을 냉각재로 사용한다. 덕분에 높은 압력을 피할 수 있어 안정성이 높다. 에너지 저장방식은 용융염Molten Salt 시스템을 도입해 전력 수요에 따라 발전량을 조절할 수 있다. 2024년 와이오밍주 캐머러에 있는 옛 석탄화력발전소 부지에 345MW급 나트륨 실

중 원자로를 착공했고, 2030년 가동을 목표로 하고 있다.

캔자스 주 정부와 2025년 9월 MOU를 체결했고, AvanTech 등의 회사와도 공급계약을 한 상태다. 2027년 내 미국 원자력규제위원회**NRC** 승인을 앞두고 있다. 아직 비상장이며, SK·두산에너빌리티·HD현대 등 한국 기업들도 테라파워에 투자하고 기술 협력을 진행 중이다.

(3) 카이로스 파워**Kairos Power**

2016년에 설립된 비교적 젊은 기업으로, 불소염 냉각 고온 원자로**KP-FHR** 기술을 보유하고 있다. 연료는 TRISO(다층 세라믹 코팅 핵연료)를 사용해 방사선 물질 유출을 구조적으로 차단하며, 냉각재로는 테라파워와 마찬가지로 용융염을 사용한다.

테네시 주에 '헤르메스**Hermes**' 실증 원자로를 건설 중이며, 2024년 구글과 전력 구매계약**PPA**을 체결해 2030년부터 구글 데이터센터에 전력을 공급할 예정이다.

(4) 엑스에너지**X-energy**

2009년에 설립된 고온가스 냉각형 SMR 전문기업으로, Xe-100 모델이 주요 제품이다. 냉각재로 물 대신 헬륨가스, 연료로는 TRISO를 사용해 높은 온도에서도 안정적으로 운전할 수 있다.

아마존으로부터 투자를 받았으며, 워싱턴 주에서 2030년 가동을 목표로 SMR 발전소를 건설 중이다. 이 회사에는 두산에너빌리티와 DL이앤씨가 전략적 파트너로 참여하고 있다.

(5) 홀텍Holtec International

홀텍이 국내에서 알려진 계기는 트럼프 정부의 원전 르네상스 정책 때문이다. 앞서 이야기한 SMR 조기 배치 프로젝트의 두 사업자 중 하나가 홀텍이다. 홀텍은 1986년 설립되었으며, 미시간 주에 2029년 착공을 목표로 세계 최초 상업용 SMR 'SMR-300' 건설 프로젝트를 추진 중이다. SMR-300은 물 냉각 기반이며, 1기당 300MW 전력을 생산하며 모듈 단위로 증설할 수 있게 설계되었다(울산에 짓는 데이터센터가 최대 약 100MW를 예상하니 3배 정도의 전력을 생산할 수 있는 양이다). 홀텍은 현대건설과 2021년부터 전략적 파트너 관계에 있다.

2) 러시아와 중국 기업

(1) 로사톰Rosatom

러시아의 국영 원자력 기업 로사톰Rosatom이 운영하고 있는 SMR 아카데믹 로모노소프Akademik Lomonosov는 물 위에 떠 있는 원전으로, 세계 최초의 해상 부유식 소형 모듈형 원자력발전소다.

러시아 극동의 항구도시 페베크Pevek에 정박해 있으며, 2020년 5월부터 인근 지역에 전기와 난방을 공급하고 있다. 길이 144m, 폭 30m, 21,500톤급의 부유식 플랫폼 위에 35MW급 KLT-40S 원자로 2기를 탑재했다. 연료 교체주기는 30~45년, 설계 수명은 40년으로 알려져 있다. 러시아 정부는 로모노소프의 성공 사례를 바탕으로 차기 부유식 SMR 건설도 검토 중인 것으로 알려졌다.

(2) 중국핵공업그룹CNNC, National Nuclear Corporation

중국은 정부 산하 국영 원자력 기업 중국핵공업그룹CNNC에서 2기의 SMR을 운영 중이다. 산둥성의 HTR-PM(150MWe급)은 2023년부터 상업 운전을 시작했고, 하이난성의 링룽 1호(ACP100, 125MWe급)는 2021년 착공해 2025년 저온기능시험을 마쳤으며 2026년 상업 운전을 앞두고 있다. 상업 운전이 시작되면 중국 최초의 상업용 육상 SMR 원전으로 기록될 예정이다.

3) 국내 기업

우리나라 역시 발 빠르게 움직이고 있다. 세계 최초로 표준설계인가를 받은 SMART 모델을 기반으로, 혁신형 i-SMR의 착공이 2029년에 예정되어 있으며 완공 목표는 2034년이다. 사업은 한국수력원자력과 한국원자력연구원이 공동으로 주도하고 있다.

국내 기업 중에서는 두산에너빌리티와 DL이앤씨가 가장 활발하게 글로벌 프로젝트에 참여하고 있다.

(1) 두산에너빌리티

국내에서 유일하게 원자력발전소 기자재를 직접 제작할 수 있는 기업이다. 이 기술력을 바탕으로 뉴스케일 파워, 엑스에너지, 테라파워 등 해외 주요 기업들에 투자하며, 동시에 기자재 공급권을 확보했다. SMR 실증과 양산 단계에서 핵심적인 제조 역할을 맡게 될 가능성이 높다.

두산에너빌리티 주가 추이

(2) DL이앤씨

DL이앤씨는 우리가 익히 알고 있는 'e편한세상'을 만든 DL그룹(대림)의 건설 계열사다. 건설업을 중심으로 했던 DL이앤씨는 2020년 초 엑스에너지에 2,000만 달러를 투자해 전략적 파트너십을 맺었으며, SMR의 건설 및 시공 부문을 담당하고 있다.

(3) 기타 기업

이외에도 삼성물산, 삼성중공업, SK, HD현대, 한수원 등 국내 주요 기업들이 기술 개발, 기자재 제작, 건설, 운영 등 SMR의 각 단계에 참여하며 산업 생태계를 구축 중이다.

PLUS 태양광&ESS

투자 개요 한국 태양광 발전부터 배터리 기반 에너지저장장치까지, 친환경 에너지 생태계 핵심기업들에 폭넓게 투자하는 국내주식형 ETF

구성 종목

LS일렉트릭
HD현대일렉트릭
한화
삼성SDI
LG에너지솔루션
한화솔루션
엘앤에프
OCI홀딩스
HD현대에너지솔루션
서진시스템 등

SOL 미국원자력SMR

투자 개요 미국 상장기업 중 원자력 및 소형모듈원자로(SMR) 밸류체인에 집중투자하는 ETF

구성 종목

컨스텔레이션 에너지
카메코
비스트라 에너지
BWX 테크놀로지스
오클로
우라늄 에너지
GE 버노바
나노 뉴클리어 에너지
NRG 에너지
센트러스 에너지 등

TIGER 코리아원자력

투자 개요 한국 원자력 수출 밸류체인(원전, SMR, 핵심 기자재 등) 기업들에 지수 추종 방식
으로 투자하는 ETF

구성 종목

두산에너빌리티
현대건설
한전기술
DL이앤씨
한전KPS
비에이치아이
대우건설
우리기술
한전산업
SNT에너지 등

KODEX K원자력SMR

투자 개요 차세대 원전인 소형모듈원자로(SMR) 관련 국내 핵심기업에 투자하는 패시브 ETF

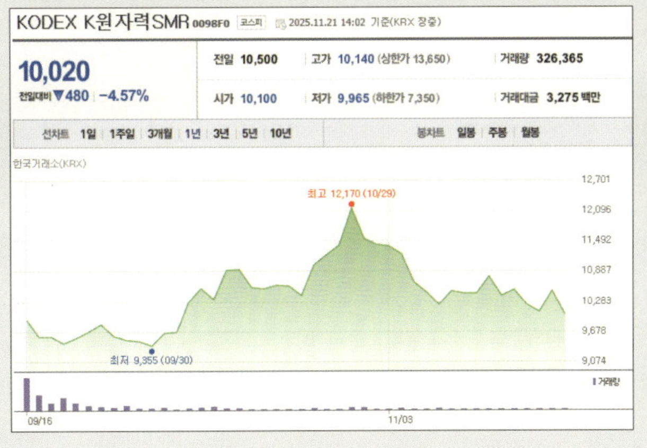

구성 종목

두산에너빌리티
현대건설
비에이치아이
한국전력
삼성물산
한전기술
한전KPS
DL이앤씨
대우건설
우리기술 등

6장

양자컴퓨터

비트를 넘어 양자의 시대가 온다

1

비트 이후의 세상,
양자컴퓨터의 이해

양자컴퓨터의 시대가 오고 있다. 어떤 사람들은 여전히 꿈같은 이야기라고 하지만, 양자컴퓨터의 시대는 확실한 미래다.

한동안 잠잠했던 '양자컴퓨팅'이 다시 주목을 받은 건 2025년 1월 CES에서의 젠슨 황 발언 때문이다. 그는 "매우 유용한 양자컴퓨터가 나오려면 약 15~30년, 중간값으로 보면 약 20년 정도는 더 걸릴 것"이라고 말했다. 이 발언 직후, 양자컴퓨터와 관련된 기업들의 주가가 30~50% 가까이 급락했다.

하지만 약 2달 뒤, 분위기는 완전히 바뀌었다. 같은 해 3월에 열린 엔비디아의 연례 개발자 컨퍼런스 GTC 2025 퀀텀 데이 세션에서 젠슨 황은 디웨이브, 아이온큐, 리게티 컴퓨팅의 CEO들과 함께 무대에 올라 "양자컴퓨팅 산업은 변곡점에 도달했으며, 향후 몇 년 안에 실제 산업의 복잡한 문제들을 해결하기 시작할 것"이라고 선언했다. 여기서 주목할 건 '변곡점 **Inflection Point**'이라는 표현이다. 메타버스, 인공지능, 피지컬 AI까지 시대의 흐름을 주도해 온 엔비디아가 '양자 컴퓨팅'을 다음 성장축으로 바라보고 있다는 뜻이기 때문이다. 젠슨 황은 단순히 낙관적으로 입장만 바뀐 것이 아니다. 같은 해 9월, 하니웰 **Honeywell** 산하 양자컴퓨팅 자회사 퀀티늄 **Quantinuum**에 약 6억 달러(약 8,000억 원) 규모의 투자 라운드에 직접 참여하기도 했다.

양자컴퓨터, 어마어마하게 빠른 속도의 컴퓨터

그렇다면 도대체 '양자컴퓨터'란 무엇일까? 여기서 우리가 알아야 할 건 복잡한 양자역학 이론이 아니다. 투자자 관점에서 '왜 중요하고, 어떤 변화를 만들어 낼 수 있는가'를 이해하는 것이다. 복잡하고 어려운 양자역학이 아닌 투자에 도움이 될 정도만 훑어보자.

양자컴퓨터를 한마디로 정의하면 '어마어마하게 빠른 속도의 컴퓨터'라고 생각하면 된다. 지금 우리가 사용하는 컴퓨터는 모든 것을 할 수 있는 마법 같은 기계다. 그런데 이 마법이 작동하는 원리는 의외로 간단하다. 우리 눈에는 한글과 영어, 다양한 이미지와 영상들이 보이지만 컴퓨터는 1과 0이라는 디지털 신호로만 해석한다. 불이 켜지면 1, 꺼지면 0. 이 단순한 움직임이 지금의 세상을 만들었다. 1과 0 두 가지 상태만 있는 정보, 즉 이진수 **Binary Digital**의 줄임말로, '비트bit컴퓨터'라고 한다.

그런데 양자컴퓨터는 다르다. 양자Quantum는 1과 0이 동시에 존재할 수 있는 상태를 의미한다. 즉, 어떤 순간에는 1일 수도 있고 0일 수도 있는 중첩Superposition 상태가 가능하다. 덕분에 기존 컴퓨터가 순차적으로 하나하나 계산해야 하는 문제를, 양자컴퓨터는 여러 경우를 동시에 계산할 수 있다. 이게 양자 '큐비트Qubit'의 세계다.

'도대체 어떻게 1과 0이 동시에 존재할 수 있지?'라고 묻는다면 그건 양자역학의 영역이라 더 복잡해진다. 하지만 우리는 지금 컴퓨터를 쓸 때 1과 0으로 된 bit를 이용한다는 것만 알면 되지, 그걸 하나하나 따져서 묻고 사용하지는 않는다. 마찬가지로 양자컴퓨터 역시 복잡한 이론보다 '지금까지와는 다른 엄청 빠른 컴퓨터'라는 사실만 기억하면 된다.

큐비트의 구현방식

양자컴퓨터는 앞으로의 미래가 분명하다. 문제는 어떻게 이 '양자'를 존재하는 상태Superposition(꺼짐과 켜짐이 동시에 겹쳐있는 상태)로 만들어 유지시킬 수 있느냐이다.

양자컴퓨터에서는 정보를 저장하고 연산하는 최소 단위를 '큐비트Qubit'라고 하는데, 양자컴퓨터를 사용하려면 이 큐비트를 만들어야 한다. 예를 들어 동전을 튕길 때 공중에 떠 있어서 아직 떨어지지 않은 상태는 앞면도 뒷면도 아닌 두 가지가 섞인 상태다. 이 순간이 바로 큐비트의 상태다. 이 상태를 오래 유지할수록 연산의 정확도가 높아지고, 큐비트의 수가 많아질수록 컴퓨터의 연산능력은 기하급수적으로 커진다. 하지만 이 상태를 유지하는 게 어렵고, 이 '유지의 어려움', 즉 불안정한 상태를 흔드는 노이즈Noise가 양자컴퓨터 상용화의 가장 큰 장애물이다.

현재 전 세계 기업들이 연구 중인 큐비트 구현방식은 크게 초전도 방식, 이온트랩 방식, 위상 방식, 광자 방식의 4가지다. 간단하게 알아보자.

초전도Superconducting 방식은 가장 전통적이면서도 가장 활발하게 연구되는 기술로, 절대영도에 가까운 극저온 환경에서 전자의 저항을 없애고 안정적인 큐비트를 만드는 방식이다. IBM, 구글, 리게티 컴퓨팅 등이 이 방식을 사용한다.

이온트랩Ion Trap 방식은 전하를 띤 이온을 전기장 안에 가두고 레이저를 사용해 큐비트를 만드는 방식이다. 정밀도와 긴 유지시간이 장점이며, 아이온큐IonQ가 대표 기업이다.

위상Topological 방식은 전자의 상태를 특별한 '위상물질'을 이용해 노이즈에 강한 큐비트를 만드는 방식이다. 이론적으로 안정성이 높지만 아직 상용화 단계는 초기다. 마이크로소프트가 집중 연구 중이다.

광자Photonic 방식은 빛의 입자인 광자를 이용해 큐비트를 만드는 방식이다. 극저온이 필요 없고 실온에서도 작동할 수 있다는 점에서 주목받는다. 캐나다의 자나두Xanadu가 이 방식을 주도하고 있다.

2

양자컴퓨팅이 바꿀
새로운 생태계

양자컴퓨팅이 상용화되면 지금까지의 컴퓨터 세상은 완전히 새롭게 재편될 것이다. 예를 들어 엄청나게 빠른 속도의 양자컴퓨터를 보유한 나라는 단순히 빠른 계산능력을 가지는 수준을 넘어, 다른 나라의 컴퓨터 암호체계를 빠르게 해킹해 무력화시킬 수도 있다. 눈에 보이는 전쟁뿐 아니라 한 나라의 안보와 경제 시스템까지도 무력화시킬 수 있는 것이다. 만약 어느 날 한 국가의 금융망, 국가 통신망, 행정 데이터가 동시에 마비된다고 생각해 보자.

또 하나의 변화는 '컴퓨터 세상의 하드웨어 패권 이동'이다. 지금의 CPU, GPU, 메모리 등 반도체 구조는 모두 비트컴퓨터를 기반으로 설계되어 있다. 그런데 양자컴퓨터가 본격적으로 도입되면 완전히 다른 하드웨어 생태계가 필요하다. 이렇게 되면 현재 엔비디아,

AMD, TSMC와 같은 강자들의 자리가 위태로울 수 있다. 새로운 신생기업이 이들의 자리를 가져가게 될지도 모른다.

이처럼 양자컴퓨터는 '기술' 그 이상의 의미를 지닌다. 국가의 전략, 기업의 생존, 그리고 산업의 판도까지 바꿀 수 있기 때문이다. 그렇다면 왜 지금, 다시 양자컴퓨팅에 전 세계의 관심이 쏠리고 있을까? 그 배경에는 4가지 이유가 있다.

기술의 고도화 - '노이즈의 벽'을 넘어서다

양자컴퓨팅의 발전 단계는 크게 네 시기로 구분된다.

첫 번째는 이론-개념 단계(1960~1990년대)로, 리처드 파인만 등이 양자컴퓨팅 개념을 제시한 시기다.

두 번째는 초기실험 단계(2000~2010년)다. IBM, 스탠퍼드, 디웨이브 등이 실제로 양자 상태를 구현하고 '양자 오류 정정 Quantum Error Correction' 연구가 본격화되었다.

세 번째는 NISQ Noise Intermediate-Scale Quantum (2018~현재) 단계다. 이 시기의 핵심은 이름 그대로 '노이즈'다. 양자 상태는 만들어 내기도 어렵지만 유지하기는 더 어렵다. 미세한 진동이나 온도 변화에도 양자 상태가 무너지는 현상을 '노이즈 Noise'라 하는데, 이를 제어하지 못하면 계산 결과에 오류가 생긴다. 최근 들어 이 노이즈를 획기적으로 줄인 하드웨어와 제어 기술이 등장하면서, 양자컴퓨터의 우월성이 입증되고 있다.

　마지막 단계는 '범용 양자컴퓨터_{Universal Quantum Computer}'의 시대다. 수천수만 개의 큐비트를 안정적으로 제어하고, 스스로 오류를 정정할 수 있는 완전한 형태의 양자컴퓨터가 등장하는 시기다. 이 단계가 되면 현재의 모든 컴퓨터 기반의 인프라가 리셋되게 된다.

산업적 활용 - 불가능이 가능으로

　'양자컴퓨터가 좋다!'라는 것만으로는 부족하다. '양자컴퓨터가 좋은 건 알겠는데, 그래서 어디에 어떻게 쓸 수 있는데?'라는 질문에 대한 답이 금융시스템의 최적화, 신약 개발의 가속화, 기후변화 예측 등 이미 구체적인 산업 사례로 증명되고 있다.

　2025년 초, 토론토대학교와 인실리코 메디신_{Insilico Medicine}은 난치암 표적 단백질인 KRAS에 결합하는 신약 후보 물질을 양자컴퓨팅을 통해 발굴하는 데 성공했다. 이론적으로 기존 슈퍼컴퓨터로는 수백수천 년 걸릴 연산을, 양자컴퓨터는 몇 시간 내에 해결할 수 있다.

국가의 전략 - 기술 패권 경쟁의 중심

　양자컴퓨팅에 대한 국가적 투자가 늘고 있다. 양자컴퓨팅이 더 이상 기업의 연구 영역이 아니라 국가 안보의 핵심기술로 자리 잡았기 때문이다.

미국은 2018년 NQI **National Quantum Initiative** 법안을 제정해 5년간 국가 차원의 양자기술 연구 및 산업화 전략을 추진했다. 2023년 말 1차 지원이 종료되자마자 곧바로 '재승인'을 통해 추가 예산 편성에 들어갔다. 향후 5년간 약 30억 달러(약 4조 원)를 투입해 연구 중심에서 실제 응용 중심으로 정책 방향을 전환했다.

중국도 마찬가지다. 제14차 5개년 계획에서 양자기술을 핵심 7대 전략기술 중 하나로 지정해 집중지원하고 있다. 일부 보고서에서는 2025년까지 중국의 공공자금 투자금액을 150억 달러(약 22조 원) 이상 투자하는 것으로 알려졌다.

우리나라 역시 양자컴퓨팅의 중요성을 알기에 양자 분야를 3대 게임 체인저 기술로 지정하고, 2025년을 '양자 사업화 원년'으로 선언했다. 관련 예산도 2024년 대비 54% 증가한 1,980억 원을 편성했다. 또한 양자전략위원회를 출범시켜 민관이 함께 15개 세부사업과 32개 신규과제를 추진 중이다. 2026년까지 20큐비트급 시연, 2030년에는 1,000큐비트급 상용화, 그리고 100km급 양자 네트워크 구축을 목표로 하고 있다.

빅테크의 진입 - 거대한 자본의 움직임

이제 양자컴퓨팅은 연구의 영역을 넘어 본격적인 '투자의 시대'로 진입했다. 그동안 신중하게 양자컴퓨팅 분야를 지켜보던 빅테크 기업들도 본격적인 움직임을 보이고 있다.

엔비디아는 벤처조직 NVentures를 통해 하니웰 자회사 퀀티늄Quantinuum 등에 투자했다. 마이크로소프트MS는 애저 퀀텀Azure Quantum 플랫폼을 통해 클라우드 환경에서 양자컴퓨팅을 실험할 수 있는 서비스를 제공하고 있다. 구글은 Sycamore 프로세서로 '양자우위Quantum Supremacy'을 입증했으며, 자체 양자 칩을 개발 중이다. IBM은 'Quantum System Two'를 공개하며, 산업·학계 파트너십을 확대했다. 이처럼 세계 주요 빅테크 기업들은 각자의 방식으로 양자 생태계의 주도권을 확보하려는 경쟁을 벌이고 있다.

3

누가 '양자컴퓨터' 시장을 주도하는가

　양자컴퓨터 산업은 크게 두 가지로 나눌 수 있다. 하나는 양자 하드웨어를 직접 개발하는 기업들이다. 이들은 직접 실행가능한 '양자컴퓨터'를 만드는 데 초점을 맞춘다. 다른 하나는 클라우드 기반 양자컴퓨팅 서비스를 제공하는 기업들이다. 이들은 이미 확보한 컴퓨팅 인프라(AWS, Google Cloud, IBM Cloud 등)를 통해 '양자컴퓨터를 직접 소유하지 않아도 사용할 수 있는 환경 **QaaS, Quantum as a Service**'을 제공하며 성장해 나가고 있다. AWS 덕분에 수많은 중소기업들이 별도의 데이터센터 없이도 필요한 만큼만 서버를 빌려 쓸 수 있듯, 양자컴퓨터 역시 직접 만들 필요 없이 필요한 만큼만 빌려쓰는 방식이다.

양자컴퓨팅 산업의 첫 번째 축은 QaaS**Quantum as a Service**, 즉 클라우드 기반 양자컴퓨팅 서비스다. 이 시장의 핵심 플레이어는 IBM, 구글, 아마존, 마이크로소프트 등 네 기업이다. 이들은 모두 자체 하드웨어를 개발하면서 동시에 플랫폼을 개방해, 양자 생태계 전반에서 영향력을 확대하려는 전략을 취하고 있다.

(1) IBM - IBM Quantum Platform

IBM은 양자컴퓨팅을 '클라우드 시대의 두 번째 혁명'으로 정의한다. 2023년, IBM은 133큐비트급 'IBM Quantum Heron'를 공개하며, 이를 기반으로 한 모듈형 양자컴퓨터 'IBM Quantum System Two'를 선보였다. 우리나라 연세대학교 송도 국제캠퍼스에는 'IBM Quantum System One'이 설치되어 있으며, 127큐비트급으로 연구와 교육 목적으로 운영 중이다. 2025년 11월에는 새로운 양자 칩 룬**Loon**을 발표하며 2030년 이전 상용화 목표를 밝혔다.

IBM의 양자컴퓨터는 대표적인 초전도 큐비트**Superconducting Qubit** 방식으로, 굉장히 크고 웅장하게 생겼다. 하지만 거대한 실린더 형태의 외형은 극저온 상태를 유지하기 위한 냉각·제어 장비일 뿐이고, 내부의 실제 양자 칩은 손바닥만한 크기에 불과한데 여기서 이루어지는 연산은 상상을 초월한다.

또한 IBM은 클라우드 기반의 양자컴퓨팅 플랫폼도 운영 중이다.

연세대 송도 국제캠퍼스 퀀텀 컴퓨팅센터에 설치된 IBM 퀀텀 시스템 원
(출처 : 연세대학교 공식 블로그)

IBM Quantum Platform(초기 이름은 IBM 퀀텀 익스프레스)은 현재 전 세계 교육기관, 연구소, 스타트업들이 참여하는 대표적인 개방형 **QaaS** 플랫폼으로 자리 잡았다.

(2) 구글 Google - Willow

구글은 2019년 '양자 우위 **Quantum Supremacy**'를 선언한 이후, 꾸준히 기술 고도화를 이어가고 있다. 2024년 12월 발표한 '윌로우 **Willow**' 칩 (105큐비트)은 양자 오류 수정능력에서 세계 최고 수준의 성과를 보였다. 이 칩은 승인된 파트너, 연구기관, 공동 프로젝트 참여자를 중심으로 활용할 수 있다. 2025년 11월에는 '퀀텀 에코스 **Quantum Echoes**' 라는 양자컴퓨터 성능을 검증할 수 있는 알고리즘을 공개했다.

오류 수정과 계산 성능 면에서 뛰어난 성능의 구글 양자 칩 윌로우(Willow)

(3) 아마존Amazon - **Amazon Braket**

클라우드 시장의 절대 강자 아마존은 AWS에서 'Amazon Braket'이라는 이름으로 여러 파트너사의 양자 하드웨어를 고객이 이용할 수 있도록 QaaS를 제공하고 있다. 2025년 2월에는 '오셀롯Ocelot'이란 이름의 첫 자체 개발 양자 칩을 공개했다. 아직은 연구용 프로토타입 단계로, 양자 오류 보정을 실험하기 위한 초기 검증용 칩이다. 이는 아마존이 장기적으로는 직접 하드웨어 개발에도 뛰어들 것임을 보여주는 신호로 평가된다.

(4) 마이크로소프트Microsoft - **Majorana**

마이크로소프트는 2025년 2월 '마요라나Majorana'라는 양자프로세서 칩을 공개했다. 양자를 유지하는 방식으로 택한 건 위상전도체Topological Superconductor라는 특수한 재료 위에서 '위상 큐비트'를 구현하는 방식인데, 이 프로세서는 외부환경에 거의 영향을 받지 않아 '이론상 가장 안정적인 큐비트'로 불린다. 아직 상용화가 아닌 실험용으로 검증 중이다.

MS는 하드웨어와 동시에 클라우드 서비스 '애저 퀀텀**Azure Quantum**'이란 이름으로 양자컴퓨팅 서비스를 제공하고 있다. 역시 여러 파트너사의 양자 하드웨어를 연결해 제공하는 QaaS 플랫폼이다.

사티아 나델라 CEO는 2025년 초 인터뷰에서 "클라우드의 차세대 핵심 성장동력은 '양자'다. 우리는 인공지능과 양자컴퓨팅이 결합하는 하이브리드 시대를 준비하고 있다."라고 강조했다. MS 역시 양자컴퓨팅에서 선두주자의 자리를 가지기 위해 달리고 있다.

지금은 누구나 이들 기업의 양자 클라우드 서비스**QaaS**를 이용해 다양한 실험을 해볼 수 있다. 하지만 아직 수요에 비해 공급이 절대적으로 부족하다. 서비스를 이용하기 위해서는 사용 신청 후 실제 실행까지 1주일 이상 대기해야 하는 경우도 있다. QaaS 시장은 이제 막 시작된, 하지만 확실히 성장할 산업이다.

양자컴퓨터 하드웨어 개발 기업

클라우드 서비스가 '양자컴퓨터를 빌려 쓰는' 구조라면, 양자컴퓨터를 직접 만드는 기업들도 있다. 이들은 큐비트를 안정적으로 구현하고, 오류를 줄이며, 대규모 병렬 연산을 가능하게 하는 양자 하드웨어 기술의 핵심기업으로 평가받는다.

1) 글로벌 기업

대표적인 글로벌 기업으로는 리게티 컴퓨팅, 아이온큐, 퀀티늄, 파스칼, 디웨이브 등이 있다.

(1) 리게티 컴퓨팅 Rigetti Computing

리게티 컴퓨팅은 2013년 미국 캘리포니아 버클리에서 설립된 양자컴퓨팅 스타트업이다. IBM과 마찬가지로 극저온 환경의 초전도 큐비트 방식을 사용한다.

리게티 컴퓨팅 주가 추이

2025년 중반, 리게티 컴퓨팅은 36큐비트 양자컴퓨터 'Cepheus(세페우스)'를 공개하며, 자체 반도체 제조시설**Fab**을 통해 상용화를 추진하고 있다. 연구기관과 기업용으로 제공되는 'Novera(노베라)' 9큐비트 제품은 현재도 다양한 실험환경에서 활용되고 있다. 리게티 컴퓨팅은 나스닥에 상장되어 있다.

(2) 아이온큐**IonQ**

아이온큐는 2015년 미국 메릴랜드에서 설립된 양자컴퓨터 기업으로, 듀크대학교의 김정상 교수와 메릴랜드대학교의 크리스 먼로 교수가 공동 창업했다. 2021년 뉴욕증권거래소에 상장되며, 양자컴퓨팅 대중화의 대표 상징으로 떠올랐다.

아이온큐는 이온트랩 방식을 사용한다. 이 방식은 초전도 방식과 달리 극저온 냉각이 필요하지 않아 유지비가 낮고, 장시간 안정적인 큐비트 제어가 가능하다는 장점이 있다. 현재 36큐비트 양자컴퓨터를 운영 중이며, 64큐비트 이상으로 확장할 계획을 가지고 있다.

2025년 6월 아이온큐**IonQ**는 우리 정부에서 482억 원을 들여 추진하는 '양자컴퓨팅 서비스 및 활용체계 구축' 사업의 컨소시엄에 한국과학기술정보연구원**KISTI**과 함께 선정되었다. 참고로 한국예탁결제원 등의 보도에 따르면 2025년 4월 기준으로 삼성전자, 현대자동차를 포함해 국내 투자자들이 아이온큐의 시가총액 중 30% 가까이 보유하고 있는 것으로 알려졌다. 그만큼 이 회사는 국내에서 더 유명한 회사다.

아이온큐 주가 추이

(3) 퀀티늄Quantinuum

퀀티늄은 하니웰Honeywell의 양자 솔루션 부문과 영국 케임브리지 퀀텀Cambridge Quantum이 2021년에 합병해 설립한 기업이다. 이온트랩 기반 양자컴퓨터를 개발하며, 안정성과 정밀도 면에서 세계 최고 수준으로 평가되고 있다.

또한 2025년 엔비디아가 직접 투자한 최초의 양자컴퓨팅 기업으로, 엔비디아의 GPU 생태계와 양자 시뮬레이션 시스템을 연동하는 프로젝트도 함께 진행 중이다. 현재 기업가치는 약 100억 달러(약 14조 원)로 평가되며, 비상장사이지만 양자산업 내 영향력은 매우 크다.

(4) 파스칼Pasqal

파스칼은 2019년 프랑스 파리에서 설립된 양자컴퓨팅 기업으로, 노벨물리학상 수상자인 알랭 아스펙과 물리학자 조르주 올리비에 레이몽이 공동 창업했다. 이 회사는 중성원자Neutral Atom 방식을 사용해 큐비트를 유지하며, 외부 자극 없이 안정적으로 양자 상태를 유지하는 기술로 주목받고 있다.

2025년에는 엔비디아와 협업해 CUDA-Q 플랫폼 기반의 하이브리드 양자-GPU 컴퓨팅 프로젝트를 진행 중이다. 같은 해 11월에는 사우디아라비아 아람코와 함께 중동 최초의 산업용 양자컴퓨터를 구현했다. 현재는 비상장사지만, 유럽 내에서 가장 빠르게 성장 중인 양자 스타트업 중 하나다.

(5) 디웨이브D-WAVE

디웨이브는 1999년 캐나다에서 설립된 양자컴퓨팅 기업으로, 세계 최초로 상용 양자컴퓨터를 개발해 판매한 회사다. 극저온 초전도 방식을 사용하며, 특히 '양자 어닐링Quantum Annealing' 기술로 유명하다. 양자 어닐링은 복잡한 최적화 문제를 빠르게 해결하는 방식으로, 물류 경로 설계, 에너지 효율화, 금융 포트폴리오 구축 등 실제 산업 응용에서 뛰어난 성능을 보이고 있다.

2011년 NASA와 구글이 디웨이브의 첫 제품 'D-Wave One'을 도입하며 주목받았다. 2022년 나스닥에 상장되었다.

디웨이브 주가 추이

2) 국내 기업

국내 양자컴퓨팅은 정부 차원에서 2032년까지 총 6,454억 원을 투입해 기술 개발을 하고 있고, 1,000큐비트급 양자컴퓨터 구축을 목표로 한다. 2026년에는 한국과학기술정보연구원 대전 본원에 미국 아이온큐와 함께 정부 최초 양자컴퓨터를 설치할 예정이다.

대기업 중에서는 SK텔레콤, KT, LG유플러스 등 통신 3사가 양자 암호통신 **Quantum Cryptography** 분야를 중심으로 '보안 인프라' 개발에 집중하고 있다. 반면, 하드웨어나 QaaS 플랫폼과 같은 핵심기술 영역에서는 규모는 작지만 뚜렷한 기술 방향성을 가진 스타트업들이 존재한다. 그중 주목할 만한 기업으로는 에스디티, 우리로, 노르마 등이 있다.

(1) 에스디티 SDT

에스디티는 양자컴퓨터 구동을 위한 하드웨어 인프라를 개발하는 ODM(주문자개발생산) 기업이다. 리게티 컴퓨팅이나 IBM이 '양자 칩' 그 자체를 만든다면, 에스디티는 그 칩이 작동할 수 있도록 돕는 양자 냉각장비, 제어 모듈, 전원 공급장치 등을 제작한다. 즉, 양자시스템의 '기반 기술'을 맡고 있는 기업이다.

에스디티는 64큐비트급 초전도 양자컴퓨터 프로토타입 개발을 목표로 하고 있으며, 양자 칩부터 냉각시스템까지 자체 통합 생태계를 구축하려는 계획을 세우고 있다.

(2) 우리로 WOORIRO

우리로는 양자암호통신 Quantum Communication 핵심부품을 만드는 기술기업이다. 광(光)을 이용해 정보를 주고받는 과정에서 보안을 유지하기 위한 필수부품인 단일광자 검출소자 SPD, 광다이오드, 광분배기 등을 직접 개발하고 생산한다.

(3) 노르마 Norma

노르마는 양자보안 Quantum Security과 클라우드 기반 양자컴퓨팅 QaaS을 모두 아우르는 기업이다. 국내 기업 중 드물게 리게티 컴퓨팅의 양자컴퓨터를 연동한 QaaS 플랫폼을 운영하고 있으며, 기업과 연구기관이 직접 양자연산을 테스트할 수 있는 환경을 제공한다.

싱가포르 국부펀드 계열사인 버텍스벤처스**Vertex Ventures**, LIG넥스원, IBK캐피탈 방산펀드 등으로부터 투자를 유치하며 기술력을 입증했다.

미국 | CHPX Global X AI Semiconductor & Quantum ETF

투자 개요 인공지능(AI)과 양자컴퓨팅 분야의 글로벌 반도체 기업들을 폭넓게 담은 테마형 ETF

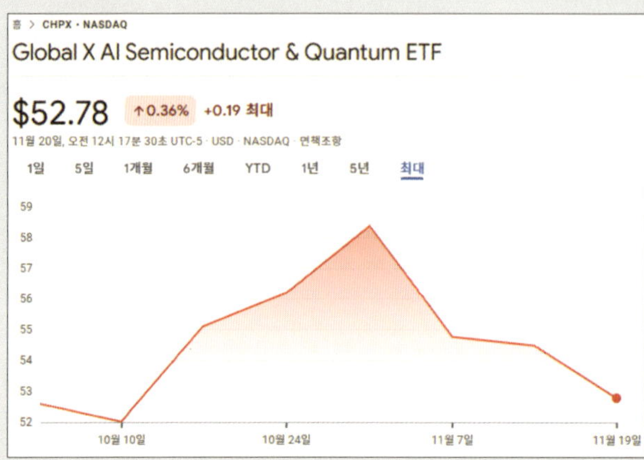

구성 종목

- 브로드컴
- TSMC
- 엔비디아
- ASML
- 마이크론 테크놀로지
- AMD
- SK하이닉스
- 인텔
- 아리스타 네트웍스
- ARM 홀딩스 등

KoAct 글로벌양자컴퓨팅액티브

투자 개요 초기 시장이지만 성장 폭발이 예상되는 양자컴퓨팅 핵심기술·장비 기업에 선제적으로 투자할 수 있는 액티브 ETF

구성 종목

- 아이온큐
- 리게티 컴퓨팅
- 디웨이브
- 마이크론 테크놀로지
- 루멘텀 홀딩스
- 키오시아 홀딩스
- 알파벳
- 엔비디아
- TSMC
- 인텔 등

KIWOOM 미국양자컴퓨팅

투자 개요 미국 양자컴퓨팅 핵심기업 20여 곳을 추종해 미래기술 붐을 선제적으로 담는 테마형 ETF

구성 종목

리게티 컴퓨팅
디웨이브
알파벳
아이온큐
퀀텀 컴퓨팅
IBM
마벨 테크놀로지
팔로 알토 네트웍스
록히드 마틴
엔비디아 등

7장

전기차

이동의 패러다임이 바뀐다

1

전기와 수소가 바꾸는
이동의 미래

미래의 자동차는 분명 지금의 휘발유나 경유로 달리지 않는다. 세계 각국은 이미 탄소중립 **Net Zero**을 목표로 내연기관 차량의 판매를 단계적으로 축소하고 있고, 그 중심에는 '전기차 **EV**'와 '수소전기차 **FCEV**'가 있다. 다만 이 둘의 성장은 다른데, 전기차는 개인용 승용차를 대체하고, 수소전기차는 대형 버스나 트럭 등 장거리·화물 운송 분야와 같은 산업용 차량들을 대체하고 있다.

전기차는 말 그대로 '전기로 움직이는 자동차'다. 크고 시끄러운 엔진을 장착한 내연기관차와 달리 조용한 전기모터를 탑재하고, 휘발유나 경유 대신 배터리에 저장된 전기를 에너지로 사용한다.

수소차는 좀 더 정확하게는 '수소전기차 **Fuel Cell Electric Vehicle, FCEV**'라고 불러야 한다. 수소전기차는 수소를 직접 연료로 쓰는 것이 아니라, 수소를 이용해 전기를 생성하고 그 전기로 모터를 돌리기 때문이다. 즉, '수소로 만든 전기'로 달리는 차다.

하이브리드HEV는 내연기관과 전기를 함께 사용한다. 저속주행이나 출발할 때는 전기를 쓰고, 고속주행시에는 연료를 사용해 효율성과 주행거리를 동시에 확보한다.

이처럼 자동차의 개념이 '엔진 중심의 기계'에서 '배터리와 모터 중심의 전자기기'로 바뀌고 있다. 이 변화의 흐름이 '뉴 모빌리티New Mobility'의 핵심이다.

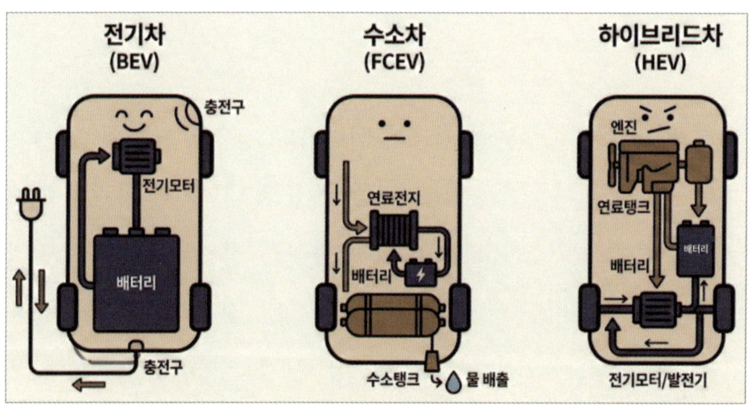

전기차, 수소차, 하이브리드차의 구조

2

전기차,
거스를 수 없는 흐름

전기차 산업이 앞으로도 계속 성장할 수밖에 없는 데에는 3가지 이유가 있다.

시장의 성장 속도

국제에너지기구IEA에 따르면 2024년 기준 전 세계 전기차 판매량은 약 1,400만 대로, 2020년 300만 대에서 4배 이상 증가했다. 전체 자동차 판매량에서 전기차가 차지하는 비중은 20% 가까이 근접했으며, 2030년에는 40% 이상으로 확대될 것으로 전망된다.

이제 전기차는 특별한 선택이 아니라, 자동차 시장의 주류로 자리 잡는 단계에 들어섰다.

각 정부의 탄소중립과 내연기관차 종료 진행

각국은 탄소중립을 달성하기 위해 내연기관차의 단계적 퇴출을 이미 선언했다.

유럽연합EU은 2035년부터 내연기관차의 신차 판매 전면 금지 방침을 철회해서 하이브리드와 디젤차는 일부 허용하기로 했다. 영국·캐나다·한국은 2035년 이후 단계적으로 내연기관차 판매 제한에 들어갈 예정이다. 여기에 더해 전 세계 100여 개 국가가 2050년을 목표로 탄소중립을 공식화하면서 전기차는 선택이 아닌 필수가 되고 있다. 이런 흐름은 자연스럽게 내연기관차에 대한 규제 강화와 전기차에 대한 세제 혜택, 보조금 지원으로 이어지고 있다.

고부가가치 산업으로의 진화

전기차는 단순히 엔진을 없앤 자동차가 아니다. 앞서 전기차를 '배터리'와 '모터'로 간단하게 이야기했지만, 전기차는 '배터리' 기술을 넘어 자율주행차로 가는 '소프트웨어' '반도체' '인공지능'의 기술이 복합적으로 연결된 산업이다.

물론 변수도 있다. 트럼프 대통령 취임 후 미국은 전기차 정책을 빠르게 수정했다. '2030년까지 신차의 50%를 전기차로 전환한다'는 목표를 철회했고, 전기차 구매자에게 제공되던 세액공제 혜택 역시 축소됐다. EU도 마찬가지다. 2035년 내연기관 판매금지법이 통과되었지만, 자국 자동차산업 보호를 이유로 사실상 철회했다. 주요 국가들의 정책 후퇴는 예견된 일이었다. 그럼에도 불구하고 전기차 시대는 시간의 문제일 뿐 방향은 정해져 있다.

결국 전기차로의 전환은 '언제'의 문제이지 '할까 말까'의 문제가 아니다. 탄소 감축, 에너지 전환, 기술 융합이라는 세 가지 거대한 흐름이 이미 전기차로 수렴하고 있기 때문이다.

3

누가 '전기차' 시장을
주도하는가

전기차

전 세계적으로 전기차 판매량 1위는 어딜까? "테슬라!"라고 외쳤다면 틀렸다. 전기차 시장은 이제 '테슬라의 독무대'가 아니다.

2025년 1~8월 기준 전 세계 전기차 판매량 1위는 BYD(약 255만 대), 2위는 지리자동차(약 131만 대), 그리고 3위가 테슬라(약 98만 대)다. 상반기까지만 해도 테슬라가 2위였지만, 중국 기업들의 급격한 성장세가 판도를 완전히 바꿔놓은 것이다.

시장점유율을 보면 중국이 809만 4,000대(점유율 62.4%), 유럽 256만 1,000대(점유율 19.9%), 북미 120만 9,000대(점유율 9.4%), 중국을 제외한 아시아는 72만 4,000대(점유율 5.6%)로, 중국이 압도적

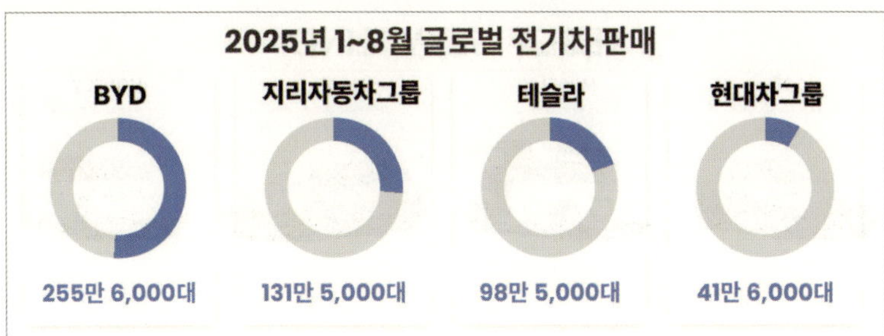

인 우위를 보이고 있다.

1) 글로벌 기업

(1) 테슬라 Tesla

전기차 시대의 붐을 이끈 주인공은 당연히 테슬라다. 2003년 설립된 테슬라는 2004년 일론 머스크가 투자자로 참여하며 본격적인 성장 궤도에 올랐다. 우리는 일론 머스크가 창업자라고 알고 있지만, 2004년 투자자로 참여해 경영권을 확보한 후 CEO 자리에 올랐다.

2006년 첫 번째 모델 로드스터 Roadster 공개 후, 2008년부터 본격적으로 생산을 시작했다. 이후 모델 S(2012), 모델 X(2015), 모델 3(2017), 모델 Y(2020)를 연이어 출시했고, 이 네 모델의 첫 글자를 따서 'SEXY 라인'이라고 부른다.

테슬라의 전략은 명확했다. 먼저 고가의 프리미엄 모델로 브랜드 이미지를 구축한 뒤, 중저가 대중형 모델로 시장을 확장하는 방식이다.

'와, 저건 멋진데? 그런데 비싸' - 모델 S, 모델 X

'어라? 이번에는 가격도 괜찮은데?' - 모델 3, 모델 Y

테슬라 모델 S(2012), 모델 X(2015), 모델 3(2017), 모델 Y(2020)

소비자들은 이런 변화를 거치면서 자연스럽게 테슬라를 선택하게 된다. 2023년에는 픽업트럭 시장을 겨냥한 사이버트럭 **Cybertruck**을 공개했고, 2025년부터 한국에서도 인도가 시작되었다.

테슬라는 단순한 자동차 회사를 넘어 전기차 시대의 하나의 상징으로 자리 잡았다. 테슬라의 인기는 판매량으로 증명된다. 2024년 한 해 동안 178만 대를 팔았고, 시가총액은 1조 5,000억 달러(약 2,000조 원)에 달했다. 그렇다면 테슬라의 기업가치는 어떻게 봐야 할까? 세계 판매 1위인 토요타(연간 1,040만 대)의 시가총액이 약 5,500억 달러이니, 판매량의 1/6에 불과한 테슬라가 3배 이상의 가치를 인정받고 있는 셈이다. 이런 점에서 테슬라의 주가가 거품이라는 논란도 이어진다. 그럼에도 불구하고 시장에서 테슬라에게 높은 가치를 부여하는 이유는 테슬라가 단순한 제조사를 넘어 '에너지, 소프트웨어, 자율주행, 로봇' 등 다양한 영역으로 부상하는 플랫폼 기업이라고 생각하기 때문이다.

테슬라의 경쟁력은 크게 네 가지로 정리할 수 있다.

첫째, 디자인 혁신이다. 디자인은 개인에 따라 호불호가 있기는 하지만 이전까지 투박했던 전기차 시장에 세련된 디자인으로 시장의 분위기를 완전히 바꾸어 놓았다는 건 인정할 수밖에 없다.

둘째, 판매방식의 전환이다. 전통적으로 자동차 시장은 영업사원을 통해 판매가 이루어졌다. 하지만 테슬라는 오프라인 딜러를 없앴다. 구매자는 홈페이지에서 노트북을 주문하는 것처럼 모델, 색상, 휠 크기, 내부 인테리어를 고른 다음 결제하면 끝이다. 불필요한 영업멘트도 없고, 복잡한 옵션 고민도 필요없다. 이 방식은 굉장히 효율적이고 영업비도 줄일 수 있지만, 기존의 메이저 제조사들은 따라하기 힘든 방식이다.

셋째, OTA **Over-The-Air** 업데이트다. 내비게이션 기능 하나만 업데이트하기 위해서도 서비스센터를 가야 했던 기존 차와는 달리, 마치 스마트폰 OS를 업데이트하듯 무선으로 소프트웨어를 업데이트할 수 있다. 업데이트만 하면 새로운 기능이 추가되고, 심지어 주행거리가 늘어나기도 했다.

넷째, 일론 머스크라는 브랜드다. 일론 머스크는 매력적이지만 동시에 가장 큰 변수다. 그의 한마디 한마디가 주가에 영향을 미치기 때문이다. 그럼에도 불구하고 항상 새로운 화두를 던지고, 불가능한 목표를 실행해 내기 때문에 사람들은 환호한다.

덕분에 지난 5년간 테슬라의 주가는 200% 가까이 상승했다. 하지만 앞으로도 테슬라의 주가 상승은 계속될 수 있을까? 이 질문에 대한 답은 '리스크'와 '기회'에서 찾아야 한다.

테슬라의 가장 큰 리스크는 역시 경쟁사다. 현재 최대 판매시장

테슬라 주가 추이

은 미국이고, 다음은 중국과 유럽이다. 문제는 전 세계 판매율이 역전되었듯 BYD와 같은 중국 기업들의 기술력이 급격히 향상된 점이다. 이대로라면 점점 테슬라의 중국 점유율은 하락할 수밖에 없고, 이는 매년 수치로 나타나고 있다. 그럼에도 불구하고 애플이 중국 시장을 포기하지 않듯 테슬라 역시 중국을 포기할 수 없다.

중국만이 아니다. 미국과 유럽에서도 경쟁이 가열되고 있다. 포드, GM, 폭스바겐, BMW 등 기존의 완성차 업체들이 전기차로 빠르게 전환해 따라잡고 있기 때문이다. 실제로 폭스바겐은 2025년 상반기 유럽 전기차 시장 1위를 차지하기도 했다.

그럼에도 테슬라가 여전히 시장의 중심에 놓이는 이유는 여전히

'다음 혁신'을 준비 중이기 때문이다. 테슬라가 준비한 기회는 세 가지다.

첫째, FSD **Full Self Driving**, 완전 자율주행 기술이다. 아직 테슬라가 자랑하는 완벽한 자율주행은 대중화되지 못했다. 실제로 완성도가 높다고 해도 규제와 안전 이슈 등 넘어야 할 벽이 많다. 이 벽을 넘어설 때 기대되는 건 '로보택시 **Robotaxi**'다. 로보택시가 실제로 운행을 시작하고, 개인들이 보유한 테슬라가 혼자서 택시 업무를 수행하며 돈을 벌어오는 구조가 만들어진다면(10년은 더 걸릴 수도 있지만) 테슬라는 다시 한번 시장 선도자의 위치를 차지할 수 있게 될지 모른다.

둘째, 저가형 모델인 '모델 2' 출시다. 모델 3보다 더 작고 더 저렴한 가격의 모델 2로 유럽과 신흥국 시장을 공략하는 것이다. 1인가구가 늘어나고 있는 이때, 지금까지의 전략과는 다른 형태로 성장을 기대할 수 있다.

셋째, 신규 사업 다각화다. 테슬라의 주요 매출은 전기차다. 여기에 더해 에너지 사업 **SolaCity**, 휴머노이드 사업 **Optimus** 등 다양한 사업을 하고 있다.

테슬라는 여전히 자동차 산업의 '애플'로 불릴 만하다. 단기적 리스크는 크지만, 장기적 관점에서는 전기차를 넘어 '모빌리티 플랫폼'으로의 확장이 진행 중이다.

(2) 리비안 **Rivian**

리비안은 우리나라에서는 좀 생소하지만, 미국에서는 테슬라 다음으로 주목받는 브랜드다. 2009년 로버트 RJ 스케어린지가 창업했으며, 초기 이름은 '메인스트림 모터스'였다가 2011년 리비안으로 사명을 변경했다. 주력 모델은 세단 등의 승용차가 아닌 픽업트럭과 SUV로, 차별화된 시장을 공략하고 있다.

이 회사의 투자자 중 가장 눈에 띄는 건 아마존이다. 아마존은 2019년 2월 약 7억 달러를 투자하고, 9월에는 전기 배송 밴EDV 10만 대 구매계약을 체결했다 이후 포드, 블랙록, 폭스바겐 등 글로벌 기업들의 투자도 이어졌다.

2021년 첫 모델 R1T(픽업), R1S(SUV)를 공개하며 전기차 시장의 새로운 강자로 떠올랐다. 2024년에는 약 51,000대, 2025년 약 41,500대를 판매했고, 2024년 7월 기준으로 북미 전역 1,800개 도시에서 아마존에 납품한 1만 대 이상의 리비안 전기밴이 운행 중이다.

2021년 리비안은 나스닥에 상장했다. 하지만 상장 당시 100달러를 넘었던 주가는 2025년 15달러까지 폭락했다. 전기차 보조금 축소 생산 지연이 주요 원인이었다. 그럼에도 리비안의 장점은 명확하

리비안자동차 모델 R1T(픽업), R1S(SUV)

리비안 주가 추이

다. 하나는 이미 포화상태인 승용차 시장이 아닌 픽업트럭과 SUV라는 차별화된 시장 포지셔닝, 다른 하나는 아마존과의 협업으로 안정된 판매처가 있는 상태에서 기술고도화가 가능하다는 점이다. 이를 바탕으로 2025년 12월 자체 인공지능 칩 RAP1을 발표하며 자율주행 시장에 뛰어들었다. 단기적으로는 정책 리스크에 흔들릴 수 있지만, 상용 전기차 시장이 본격화되면 리비안은 여전히 유의미한 잠재력을 가진 기업이다.

(3) 루시드 모터스 Lucid Motors

루시드 모터스는 테슬라의 가장 강력한 경쟁자로 알려진 기업이다. 2007년 버나드 체와 샘 웽이 실리콘밸리에서 창업한 회사로, 초기 이름은 '아티에바Atieva'였다. 당시에는 배터리와 전기 파워트레인 기술 개발 회사였지만, 2016년 루시드 모터스로 사명을 바꾸며 전기차 제조에 본격적으로 뛰어들었다. 이때 CEO는 피터 롤린슨으로, 테슬라에 대해 가장 잘 알고 있는 '테슬라 맨' 중 하나인 테슬라 모델 S의 수석 엔지니어 출신이었다. 2025년 2월 피터 롤린슨 사임 후 현재는 마크 윈터호프가 임시 CEO로 운영하고 있다.

리비안이 승용차를 제외한 픽업트럭과 SUV를 목표로 했다면 루시드는 처음부터 테슬라가 주력인 승용차 시장에 뛰어들어 '프리미엄급 전기차'를 내세웠다. 루시드에게는 강력한 투자자가 있는데, 루시드의 디자인·철학·시스템에 관심을 가진 사우디아라비아 국부펀드PIF다. PIF는 2019년 약 10억 달러를 투자해 루시드의 지분 60%를 확보하고, 최대주주가 되었다. 덕분에 루시드는 처음부터 미국 시장뿐 아니라 사우디 및 중동 시장을 확보할 수 있었다. 리비안은

루시드 모터스의 첫 모델, 루시드 에어

현지에 생산공장을 건설해 2023년부터 가동을 시작했다.

2021년 첫 모델 루시드 에어**Lucid Air**를 출시했다. 루시드 에어는 1회 충전에 830km, 최고속도 270km, 제로백 2.5초로 테슬라 모델 S를 뛰어넘는 스팩을 가지고 있다. 2024년에는 SUV 모델 루시드 그래비티**Gravity**를 공개하고, 2025년부터 인도를 시작했다. 루시드 에어는 2024년에 약 1만 대, 2025년 9월까지 약 1.8만 대 생산을 목표로 하고 있지만, 테슬라에 비하면 아직 갈 길이 멀다.

루시드 역시 로보택시 시장에 뛰어들었다. 현재 루시드는 우버**Uber**, 누로**Nuro**와 협력해 SUV 모델 그래비티를 대상으로 자율주행 로보택시 사업을 테스트 중이다. 우버는 이를 활용해 향후 6년간 2만 대 이상의 로보택시를 확보하겠다고 선언했다.

루시드 모터스 주가 추이

루시드는 2021년 7월 나스닥에 상장했다. 상장 당시 270달러였던 주가는 2025년 11월 13달러로 90% 이상 떨어진 상태다. 생산능력이 기대에 미치지 못했고(테슬라 연간 180만 대 생산에 비해 현저히 낮다), 연간 적자도 수조 원을 넘는다. 하지만 사우디 정부의 지원과 기술고도화가 맞물린다면 장기적으로 다시 반등의 기회를 잡을 수 있다. 투자는 확실한 상승세를 지켜본 후에 결정해도 늦지 않다.

2) 중국 기업

전기차 시장의 무게 중심은 이미 '중국'으로 넘어왔다. 2025년 기준 전 세계 전기차 판매의 60% 이상이 중국에서 이루어진다. 이제는 '중국의 전기차'가 아니라 '세계의 전기차'가 된 셈이다.

중국은 내연기관차 시절부터 '합작의무조항'을 통해 자국 산업을 철저히 보호해 왔다. 외국 완성차 기업이 중국에 공장을 짓기 위해선 중국 기업과 합작회사를 세워야 했다. 때문에 폭스바겐은 상하이자동차와 현대차는 베이징자동차와 손을 잡았다. 이런 보호 속에서 중국의 자동차 기술은 꾸준히 성장할 수 있었다. 지금의 중국 전기차는 단순한 '카피'가 아니라 '기술·디자인·가격경쟁력'을 모두 갖춘 수준이다. 이제는 내수시장을 넘어 유럽, 중동, 동남아 시장까지 공세를 넓히고 있다.

(1) BYD Build Your Dreams

1995년 왕촨푸가 창업한 BYD는 전기차에 들어가는 배터리 제조

기업으로 시작해, 2003년 시안의 진촨자동차를 인수하면서 전기차 시장에 본격 진입했다.

BYD가 세상에 널리 알려진 계기는 2008년 9월 워런 버핏의 '버크서 해서웨이'가 BYD의 지분 10%를 약 2억 3,000만 달러에 인수하면서부터이다.

우리나라에서도 BYD는 이미 오래전부터 일상에서 만날 수 있었다. 2010년대 초반부터 전기버스 시장에 진출해 서울·부산·대구 등 주요 노선에서 BYD K9 전기버스가 운행 중이기 때문이다.

BYD의 승용차 모델은 왕조의 이름을 따라 진, 송, 한 모델이 있다. 정리해 보면 2008년 플러그인 하이브리드 모델 F3DM을 시작으로, 2009년 순수 전기차 BEV e6를 발표하며 전기차 시장에 진입했다. 이후 2012년대 초반부터 '진(秦)' 시리즈로 세단 시장에 나섰고, 2015년부터는 '송(宋)' 시리즈 SUV를 통해 전기차 라인을 확장했다. 2020년에는 '한(漢)'이라는 이름의 프리미엄 전기 세단을 출시하며 고급화 전략을 본격화했고, 2024년에는 'SEALION 7' 등 최신 SUV 전기차 모델도 내놓았다.

2025년부터는 한국 시장에도 공식 진출해 현대·기아차와 경쟁을

BYD 모델 ATTO 3, SEAL, SEALION 7

BYD 주가 추이

벌이고 있다. BYD는 홍콩과 심천 증권거래소에 동시 상장되어 있으며, 국내에서는 ACE BYD밸류체인액티브 ETF를 통해 투자할 수 있다.

(2) 지리자동차 Geely Auto

지리자동차는 1997년 중국 항저우에서 설립된 완성차 기업으로, 2010년 스웨덴의 볼보 Volvo를 인수하며 세계 시장의 주목을 받았다. 대표 브랜드는 프리미엄 전기차 '지커 Zeekr'다.

2021년 3월 상하이 모터쇼에서 공식적으로 런칭된 지커는 처음부터 '럭셔리 전기차'라는 뚜렷한 포지션을 택했다. 첫 모델 지커 001 Zeekr 001은 테슬라 모델 S를 정면 겨냥한 세단이었고, 이후 2022

지리자동차의 대표 모델 Zeekr X, Zeekr 7X

년 말에는 4인승 미니밴 지커 009, 볼보의 폴스타 4 플랫폼을 기반으로 한 SUV 지커 7X, 2025년에는 6인승 럭셔리 SUV 지커 9X를 공개했다. 2025년 말 한국 진출을 공식화하며 딜러사와 판매·서비스 계약을 체결했다.

지커는 2024년 5월 뉴욕증권거래소에 상장했지만, 글로벌 경기

지리자동차 주가 추이

둔화와 수익성 악화로 인해 2025년 5월 상장 1년 만에 폐지를 결정했다(지리자동차는 홍콩증권거래소에 상장되어 있다).

(3) 니오NIO

니오는 2014년 상하이에서 리빈이 설립했다. 이 회사는 '중국의 테슬라'라고도 불리는데, 프리미엄 세단 중심의 라인업, OTA 업데이트, AI 기반 음성비서NOMI, 그리고 브랜드 중심의 커뮤니티 마케팅까지 테슬라와 닮았기 때문이다.

이 회사의 가장 독특한 점은 '배터리 교환시스템Power Swap'이다. 전기차에서 가장 비싸고 가장 많은 부피를 차지하는 게 '배터리'다. 이 배터리는 스마트폰과 비슷해 시간이 지날수록 충전효율이 점점 떨어지고, 충전시간도 길어진다. 현재도 완속충전에는 10시간 이상, 급속충전도 빨라졌다고는 하지만 40분 이상 걸린다. 니오는 이 문제를 배터리 교체방식으로 해결했다. 니오의 자체 배터리 교환소에서 단 5분 만에 배터리를 통째로 교체해 주고 있다. 운전자 입장에서

니오는 자체 배터리 교환소에서 단 5분 만에 배터리를 통째로 교체해 주고 있다.

니오 주가 추이

는 어마어마한 시간 절약이다. 이 방식은 '배터리 구독BaaS, Battery as a Service' 모델로 이어져 고객은 차량을 구매하고, 배터리는 '구독료'로 사용하는 구조를 만들었다.

2016년 슈퍼카 EP9를 첫 출시했고, 2018년 ES8 SUV, 2020년 EC6, 2021년 ET7 세단, 2022년 ET5, 2024년 플래그십 세단 ET9까지 라인업을 확장해 나가고 있다.

니오는 2018년 뉴욕증권거래소와 2021년 홍콩증권거래소에 상장되어 있다. 중국 내 시장점유율은 BYD 다음으로 높으며, 2025년 기준 세계 전기차 판매 3~4위권을 유지하고 있다.

전기차 배터리

전기차에서 가장 비싼 부품은 '배터리'다. 전기차 가격의 약 30~50% 정도를 차지하기 때문에 그만큼 저렴하고 좋게 만드는 게 기업의 경쟁력이다.

전기차 배터리는 보통 2차 전지라고 부른다. 그럼 1차 전지는 뭘까? 한 번 사용하고 버리면 '1차 전지', 다시 충전해서 여러 번 쓸 수 있는 재사용이 가능한 배터리는 '2차 전지'라고 한다.

전기차 배터리는 구성하는 '소재'와 만들어진 '형태'에 따라 구분되는데, 소재와 형태에 따라 다른 특징을 가지고 있어 이를 선택하는 회사들도 각각 다르다.

그럼 먼저 '소재'부터 살펴보자. 2025년 11월 뉴스토마토의 기사 제목은 '중국 의존 낮추는 GM_테슬라… K배터리 LFP 승부수'다. 여기서 말하는 'LFP'가 바로 소재이다. 소재는 크게 NCM, NCA과 LFP로 나뉘어진다. 이는 구성하는 원소를 말하는데, NCM은 니켈**Nickel**·코발트**Cobalt**·망간**Manganese**, NCA는 니켈**Nickel**·코발트**Cobalt**·알루미늄**Aluminum**, LFP는 리튬**Lithium**·인산**Phosphate**·철**Iron**로 이루어진다.

NCM과 NCA는 에너지 밀도가 높아 먼 주행거리와 높은 출력을 낼 수 있다. 에너지 밀도가 높다는 건 배터리 내부에 더 많은 에너지가 저장되기에 더 많은 열을 발생할 수 있다는 뜻이다. 하지만 니켈·코발트의 희소성 때문에 가격이 비싸고 열관리가 까다롭다. 특히 전기차 배터리가 불이 나면 큰일난다는 '열폭주' 속도도 빠르다.

LFP는 NCM, NCA에 비해 에너지 밀도가 낮아 효율은 다소 떨어지지만, 안정적이고 화재 위험도 적으며 무엇보다도 저렴하다는 장점이 있다. 그래서 저가형 전기차와 택시·배달 등 특수목적의 차량 중심으로 성장해 왔다.

그리고 꿈의 배터리라 불리는 '전고체 배터리**All-Solid-State Battery**'가 있다. 이를 이해하기 위해서는 잠시 배터리가 어떻게 구성되는지를 알아야 하는데 복잡한 건 빼고 핵심만 보자.

배터리는 양극, 음극, 분리막, 전해질로 구성되어 있다. 리튬 이온은 양극과 음극 사이를 오가며 충전하고 다시 방전(완충된 배터리를 사용함)되는데, 이때 전해질이라는 물질(액체)를 타고 이동한다. 이때 분리막은 이온만 통과시키고 전극이 닿는 것을 방지해 폭발을 막는다. 문제는 이 액체 전해질인데, 오래되면 누액이 생기고(끈적거리고 부풀어 오르는 것), 사고로 인해 충격을 받거나 팽창하게 되면 폭발 위험성도 있다. 그래서 이를 막기 위해 배터리 팩에는 여러 장치들(BMS 등)을 부착한다.

전고체 배터리는 바로 이 전해질을 '고체'로 바꾼 배터리를 말한

리튬 이온 배터리의 액체 전해질과 고체 전해질을 사용한 전고체 배터리

다. 덕분에 분리막이 필요 없고 전해질도 고체로 바뀌었으니 그만큼 안전하고 공간 효율도 얻을 수 있게 되었다. 공간에 여유가 생기면 같은 크기의 배터리라 하더라도 더 많은 에너지 효율을 낼 수 있다 (배터리 크기는 그대로 두고 용량을 늘릴 수 있다). 하지만 제조상의 난이도가 있기에 아직 상용화에 이르지는 못했다.

두 번째로 살펴볼 것은 배터리의 '형태'다. 전기차에 장착되는 배터리는 거대한 하나의 덩어리가 아니라 수백 개의 셀을 조합해서 사용한다. 이 셀의 모양에 따라 원통형, 파우치형 그리고 각형으로 나뉜다.

원통형 배터리는 말 그대로 AA 건전지와 같이 둥근 모양이다. 원통(건전지)을 여러 개 붙여놓은 형태로, 사이사이 빈 공간이 많아 공간 효율이 떨어진다. 하지만 이에 따른 장점도 있다. 충격에 강하고 열관리도 쉽다. 무엇보다 생산기술 자체가 오래되었기에 표준화가 잘되어 있어서 대량생산을 하기 좋다. 원통형은 테슬라가 대표적으로 사용하고 있다.

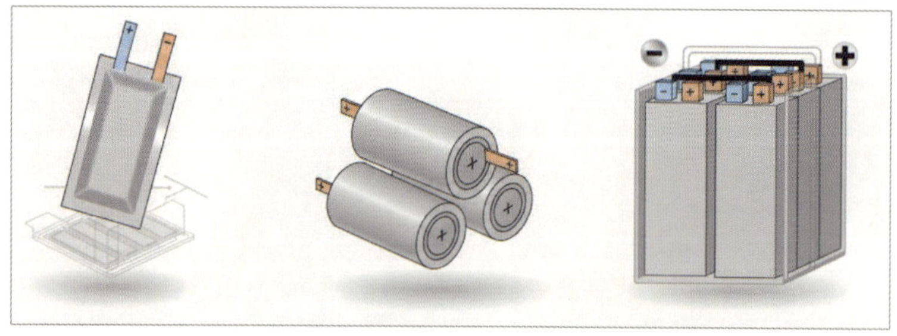

전기차 배터리의 형태, 파우치형, 원통형, 각형

파우치형 배터리는 파우치(주머니)처럼 얇은 포장 필름 안에 배터리를 담은 모습이다. 얇고 가벼워 공간 효율이 뛰어나지만 외부 충격에는 약하고, 생산원가도 비싸다. 현대자동차, GM, 포드, 볼보 등이 채택하고 있다.

각형 배터리는 자동차 보닛을 열면 볼 수 있는 단단한 상자형 배터리를 생각하면 된다. 각형은 알루미늄이나 강철 케이스로 둘러싸여 있어 내구성과 안전성이 높다. 단단하고 안정적이지만 상대적으로 무겁고, 냉각효율은 떨어진다. BMW, 벤츠, 폭스바겐 등이 채택하고 있다.

전기차 배터리와 관련된 대표 기업은 중국 CATL, BYD, 우리나라는 삼성SDI, LG에너지솔루션, SK온 등이 있다.

(1) CATL Contemporary Amperex Technology Co., Limited

배터리 시장의 세계 1위 기업은 중국 CATL이다. CATL은 LFP(리튬인산철) 배터리 분야에서 압도적인 기술력을 가지고 있다. 세계 최대의 인광석 생산국이 중국이기 때문에 LFP 배터리 가격 경쟁력에도 확실한 강점이 있다. 테슬라 '모델 Y'의 중국 상하이 생산차량이 LFP 배터리를 사용하는 것도 이 때문이다. CATL은 고성능과 안전성, 그리고 가격 효율을 동시에 확보할 수 있어 배터리 시장을 장악하고 있다.

CATL은 2018년 중국 선전증권거래소에 상장되었으며, 지금도

CATL 주가 추이

글로벌 시장점유율 1위를 유지하고 있다.

(2) 삼성SDI

삼성SDI는 1990년대 후반부터 원통형 배터리를 생산해 왔고, 2000년대 중후반부터 자동차용 대형전지 개발을 시작했다. 본격적인 전기차 배터리 사업은 2000년대 후반 시작했다. 현재는 각형과 원통형을 주력으로 생산하며, BMW·폭스바겐·GM은 물론 현대차와 기아차도 주요 고객이다. 2025년 하반기에는 BMW와 전고체 배터리 실증프로젝트 업무협약을 맺어 전고체 배터리 상용화의 길로 들어섰고, 초고출력 원통형 배터리 기술로 CES 2026 최고 혁신상을 받기도 했다.

(3) LG에너지솔루션

LG에너지솔루션, 줄여서 LG엔솔은 파우치형 배터리에 강점을 가지고 있다. 1999년 세계 최초로 리튬이온 배터리를 양산했고, 2010년 초반부터 파우치형 배터리를 상용화했다. GM, 현대·기아차, 테슬라, 포드, 폭스바겐 그룹, 리비안 등 다양한 완성차 제조사들이 주요 고객이다. 2025년 6월에는 중국 체리자동차와 1조 원 규모의 계약을 성사시켰다. 같은 해 9월에는 벤츠와 15조 원 규모의 전기차 배터리 공급계약을 체결했는데, 차세대 원통형 배터리인 46시리즈로 추정하고 있다.

충북 오창의 에너지 플랜트에 LFP 배터리 생산라인을 설치해 ESS를 위한 배터리를 생산할 예정이다.

(4) SK온

SK온은 2021년 SK이노베이션에서 분사된 전기차 배터리 전문 기업이다. 원통형과 각형을 주로 생산하고 있으며, 대표 고객으로는 포드, 현대·기아차, 닛산이 있다. 2025년 3월에는 닛산과 2028~2033년까지 99.4Gwh 규모의 배터리 공급계약을 맺었고, 같은 해 4월에는 미국의 전기차 스타트업 슬레이트와 2026년부터 6년간 20GWh(약 4조 원 규모 계약)의 공급계약을 맺었다. 9월에는 2029년 상용화를 목표로 대전시 유성구 미래기술원 내에 전고체 배터리 파일럿 플랜트를 준공했다.

전기차 배터리의 경쟁력은 결국 기술 고도화와 가격 경쟁력에 있다. 아쉽게도 지난 몇 년간 가격 경쟁력과 전기차 시장의 둔화에 의해 매출 하락이 있었지만, 미국의 인플레이션감축법IRA에 따른 중국 의존도 축소, 전고체 배터리 등 차세대 배터리 기술 선점에 따라 국내 기업들 역시 더 성장할 것으로 기대된다.

타이어 시장

전기차는 대세가 될 게 분명하고, 자율주행차의 시대가 되면서 고부가가치 제품들을 제조하는 기업들 역시 지금보다 더 경쟁이 치열해질 게 분명하다. 그런데 어떠한 변화가 와도 꼭 탑재해야 하는 핵심부품이 있다. 바로 '타이어'다. 하늘을 나는 자동차의 시대가 온다고 해도 지상에서는 타이어가 있어야만 움직일 수 있다.

전기차 시장에서 타이어가 주목받는 이유는 무게 때문이다. 예를 들어 테슬라 모델 Y의 배터리는 약 770kg이다. 배터리가 커질수록 차량 무게는 더 늘어나는데, 그만큼 타이어는 그 무게를 견뎌야 하고, 더 빠르게 닳는 것도 내구성으로 받쳐줘야 한다.

소음 역시 문제다. 전기차의 최대 장점은 내연차에 비해 소음이 적다는 건데 타이어에서 발생하는 소음이 크면 불편하다. 따라서 무게를 견딜 수 있는 '강성', 소리를 줄이는 '저소음', 여기에 '에너지 효율성'까지 갖추어야 한다.

이미 타이어 시장의 글로벌 강자는 미쉐린, 브리지스톤, 굿이어, 콘티넨탈이 있고, 우리나라에서는 한국타이어가 두각을 나타내고 있다.

테슬라는 초창기 '모델 Y'에 독일 콘티넨탈 타이어를 사용했지만, 2023년 이후부터는 한국타이어의 iON 시리즈로 공급이 확대되었고, 2025년 '모델 Y 주니퍼'부터는 공식 신차용 타이어 OE로 채택되었다. 한국타이어는 현재 리비안, 루시드 모터스 등 북미 전기차 업체에도 전용 타이어를 공급하고 있다.

한국타이어 주가 추이

미국 | **DRIV** Global X Autonomous & Electric Vehicles ETF

투자 개요 전기차와 자율주행 생태계 전반을 담아 '자동차의 미래'를 한 번에 투자할 수 있는 글로벌 테마형 ETF

구성 종목

블룸 에너지
알파벳
테슬라
엔비디아
인텔
마이크로소프트
퀄컴
도요타 자동차
네비우스 그룹
필바라 미네랄즈 등

미국 | **KARS** KraneShares Electric Vehicles and Future Mobility

투자 개요 전기차, 자율주행, 배터리, 차세대 모빌리티 밸류체인을 한 번에 담아 '모빌리티 혁신'에 선제적으로 투자할 수 있는 글로벌 테마형 ETF

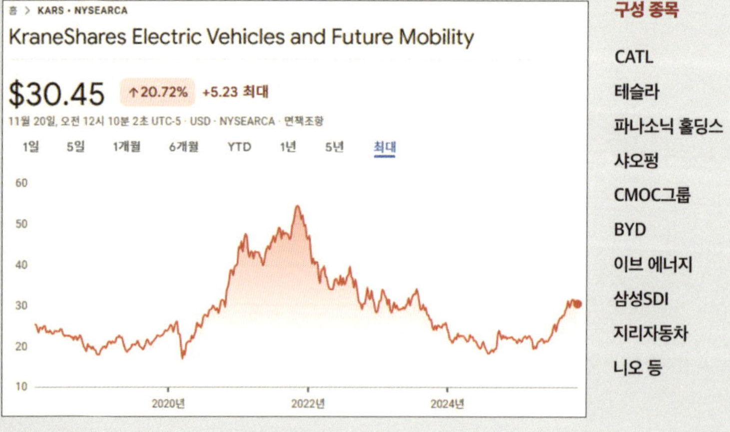

구성 종목

CATL
테슬라
파나소닉 홀딩스
샤오펑
CMOC그룹
BYD
이브 에너지
삼성SDI
지리자동차
니오 등

SOL 한국형글로벌전기차&2차전지액티브

투자 개요 전기차부터 배터리, 핵심소재까지 글로벌 밸류체인을 한국 기업 중심으로 액티브
하게 담아 미래 모빌리티 성장에 선제투자하는 ETF

ACE 글로벌자율주행액티브

투자 개요 전기차, 자율주행, 플랫폼 모빌리티 혁신의 글로벌 리더 기업들을 액티브 전략으로
담아 미래 교통산업에 선제투자하는 ETF

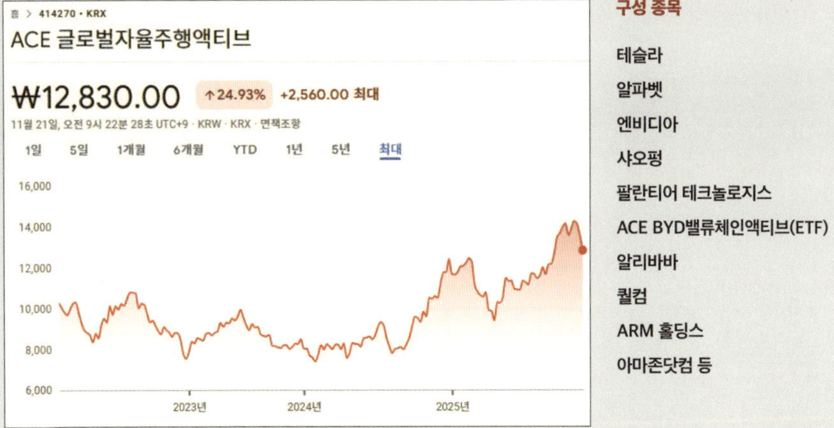

8장

뉴스페이스

우주가 돈이 되는 시대

1

민간이 이끄는
새로운 우주시대

2025년 상반기부터 증시에서 지속적으로 상승세를 보인 섹터가 있다. 바로 '우주·방산' 관련 주식이다. 해외 우주기업들의 경우 이미 2024년부터 높은 성과를 보였다. 대표적인 미국의 항공우주 제조·발사 기업인 로켓랩 **Rocket Lab**은 1년 사이에 주가가 무려 360% 상승했다. 이는 같은 기간 나스닥 지수 상승률을 훨씬 웃도는 수준이다. 해외뿐 아니라 국내 역시 한화에어로스페이스는 2025년 초 60만 원대였던 주가가 2025년 9월 기준 100만 원을 돌파했다.

이제 우주는 새로운 시장이며, 새로운 산업이다. 이미 글로벌 빅테크 기업들이 뛰어든 새로운 우주의 시대, 뉴스페이스를 살펴보자.

뉴스페이스 vs 올드스페이스

뉴**New**스페이스가 있다면 올드**Old**스페이스도 있다. 올드스페이스는 과거 정부 주도로 이루어졌던 전통적인 우주개발 방식을 말하며, 대표적인 상징이 '아폴로 프로그램**Apollo Program**'이다. 이는 1961년부터 1972년까지 진행된 프로젝트로, 인류는 1969년 7월 20일 아폴로 11호로 달에 첫발을 내딛었고, 마지막 유인 탐사는 1972년 12월 아폴로 17호다. 당시에는 미국과 소련의 냉전 구도 속에서 '누가 더 크고, 빠르고, 멀리 가는 로켓을 만들 수 있는가'의 경쟁이었다.

하지만 지금의 흐름은 다르다. 인류는 다시 달에 가지만, 이번에는 과거 정부 주도로 막대한 비용과 인력이 투입되었던 것과 달리 정부와 민간이 협력하여 민간 자본과 혁신적인 기술을 바탕으로

1969년 7월, 달에 착륙한 아폴로 11호   (출처 : NASA)

                    Part 2. 앞으로 10년, 미래를 선도하는 산업에 투자하라

우주 개발을 추진한다. 대표적인 것이 '아르테미스 프로젝트Artemis Project'다. 이 프로젝트는 인류가 달 표면에 지속 가능한 기지를 건설하는 것을 목표로 한다. 이런 거대한 프로젝트 외에도 인공지능AI을 활용한 위성 데이터 분석, 3D 프린터로 제작한 초소형 인공위성에 이르기까지 다양한 우주산업의 모든 분야에 민간기업들이 참여하며 새로운 흐름을 만들어 가는 것을 '뉴스페이스'라고 한다.

국내에서도 뉴스페이스의 시작을 알리는 역사적인 순간이 있었다. 2025년 11월 27일 오전 1시 13분 한국형 발사체 누리호가 성공적으로 발사되었다. 발사 카운트 다운을 맡은 건 한화에어로스페이스의 직원이었다. 한화에어로스페이스는 누리호의 조립·제작 전반을 주관한 민간기업으로, 우리나라 뉴스페이스의 시작을 알리는 순간으로 남았다.

한국항공우주연구원과 한화에어로스페이스 민관이 함께한 누리호 4차 발사 장면

(출처 : 한국항공우주연구원 유튜브)

2

우주산업이 경제의 판을
바꾸는 이유

'우주'라는 단어는 여전히 우리에게 낯설게 느껴진다. 인공지능이나 전기차만 해도 익숙한 단어가 되었지만, '우주'가 등장하는 순간 이야기가 갑자기 SF처럼 들리고 뭔가 돈이 천문학적으로 들어갈 것 같기 때문이다.

하지만 현실은 그렇지 않다. 수많은 민간기업들이 우주산업에 뛰어들었고, 각국 정부 차원에서도 엄청난 투자를 하고 있다. 미국은 2024년 역대 최대 규모인 333억 달러를 우주 역량 확보를 위해 투입했다. 게다가 2019년 트럼프 정부시절에는 미국우주군**USSF**을 창설하기도 했다. 중국 역시 해마다 국방비를 늘려가고 있으며, 2024년에는 달의 뒷면에 오성홍기를 꽂았을 정도로 우주력을 자랑하고 있다. 우리나라도 2024년 우주항공청을 신설했고, 2025년에는 전년

대비 27% 증가한 9,649억 원의 예산을 배정했다.

이 모든 움직임의 이유는 분명하다. 첫째는 우주가 돈이 되는 '자원의 보고(寶庫)'이며, 둘째는 미래 산업을 위한 핵심 플랫폼이자 우주 전쟁의 시작이라 할 수 있는 초저궤도 위성 기반의 '우주 인터넷'이다. 우주와 관련된 수많은 사업이 있지만, 가장 앞서고 있는 두 가지를 살펴보자.

아르테미스 프로젝트 - 다시 달로 가는 이유

인류는 언제 다시 달로 돌아갈까? 바로 2027년이다. 당초 계획은 2025년이었지만 여러 이유로 2년 미루어졌다. 마지막 유인 달 탐사였던 아폴로 17호가 1972년이었으니, 무려 55년이 흘렀다.

그렇다면 왜 이렇게 오랜 시간이 걸렸을까? 답은 간단하다. 그때는 돈이 되지 않았고, 지금은 돈이 되기 때문이다. 그동안의 연구 결과, 달에는 헬륨-3 He-3를 비롯해 희토류, 티타늄, 알루미늄 같은 중요한 광물들이 어마어마한 양으로 매장되어 있는 것이 밝혀졌다. 게다가 달은 누구의 소유도 아니기 때문에 먼저 착륙해 깃발을 꽂고 기지를 세운 나라나 기업이 그 자원을 우선 확보할 수 있다.

과거 캘리포니아에 금이 묻혀 있다는 이야기에 수많은 사람들이 금광을 찾아 떠난 '골드러시'처럼, 확정된 부가 묻혀 있는 달로 가기 위한 '문러시'가 시작된 것이다. 미국은 이미 지난 트럼프 정부 때인

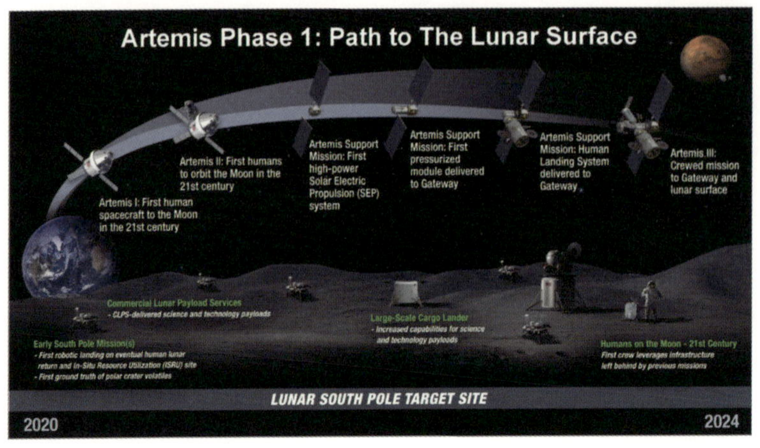

아르테미스 프로젝트의 예정된 임무들 (출처 : NASA)

2017년 12월 11일 우주정책명령 1호에 서명하며 아르테미스 프로젝트를 공식화했다. 달에 장기 체류 가능한 기지를 세우고, 이를 거점으로 화성 탐사로 나아가는 초대형 계획이다.

중국도 국가 주도로 빠르게 우주산업을 이끌고 있다. 그 일환으로 2024년 창어(嫦娥) 6호를 달 뒷면에 착륙시켰으며, 2030년에는 유인 착륙을 목표로 하고 있다.

우리나라도 2021년 미국의 아르테미스 프로젝트에 10번째로 서명한 국가로 참여하고 있다. 2022년에는 다누리 탐사선을 보냈고, 2026년에는 아르테미스 2호에 큐브 위성을 탑재할 예정이다. 독자 기술로는 2032년 무인 착륙선 개발을 목표로 하고 있다.

지금 달을 향한 움직임은 그 자체로 '새로운 우주자원 전쟁'의 서막이다. 이제 달 탐사는 기술의 문제가 아니라 누가 먼저 자원을 차

　　　　　Part 2. 앞으로 10년, 미래를 선도하는 산업에 투자하라

지하느냐의 경제전쟁이 되었다.

우주 인터넷

두 번째 키워드는 '우주 인터넷 Space Internet'이다. 우주 인터넷이란 지상의 중계기를 이용하는 게 아니라 지구 상공 약 300~2,000km의 초저궤도 LEO, Low Earth Orbit에 수천 개의 위성을 띄워 중계기 역할을 하는 사업을 말한다. 이 방식이 완성되면 지구 어디서든 끊김 없는 인터넷 접속이 가능해진다.

우주 인터넷이 편리함을 넘어 국방의 중요한 부분으로 인식된 계기는 2022년 우크라이나-러시아 전쟁이었다. 러시아가 우크라이나

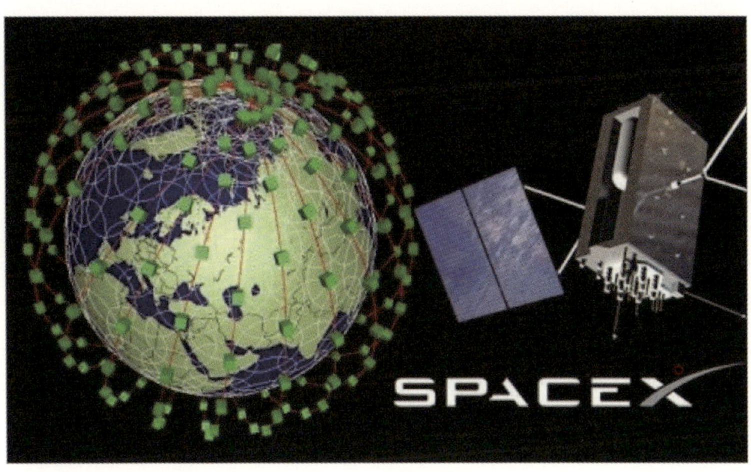

스페이스X의 우주 인터넷

의 통신망을 마비시켰지만 스페이스X의 '스타링크Starlink'가 우크라
이나를 지원하며 즉시 위성 네트워크를 통해 인터넷 연결을 복구시
켰다. 이후 우주 인터넷에 대한 관심은 더욱 높아졌다.

3

누가 '뉴스페이스' 시장을 주도하는가

앞에서 살펴본 아르테미스 프로젝트와 우주 인터넷은 현재 우주 산업을 대표하는 두 축이다. 하나는 '달로 돌아가는 프로젝트', 다른 하나는 '지구 전체를 연결하는 네트워크'다. 이제 두 분야에서 어떤 기업들이 주도권을 쥐고 있는지 살펴보자.

우주탐사체 관련 기업

미국 정부와 오랜 기간 협력해 온 대표적인 기업은 록히드 마틴 **Lockheed Martin**과 보잉**Boeing**이다. 록히드 마틴은 오리온**Orion**이라 불리는 다목적 유인 탐사용 우주선의 설계·개발·조립을 담당하고 있으

며, 보잉은 아르테미스 로켓의 핵심인 SLS **Space Launch System** 의 전자
장비 및 주요 구성품을 맡고 있다. 하지만 지금 전 세계의 관심을 가
장 많이 받는 기업은 단연 스페이스X다.

(1) 스페이스X **SpaceX**

일론 머스크가 이끄는 스페이스X는 달에 착륙하는 초거대 우주
선 '스타십**Starship**'을 개발해 테스트 중에 있다. 2025년까지 11회의
시험 비행을 마쳤으며, 2026년부터는 상용 발사와 달 탐사 프로그램
이 예정되어 있다. 스페이스X는 매년 60~70회 이상의 로켓을 발사
하고 있으며, 자체 위성인 스타링크 외에도 각국 정부와 민간기업들
의 위성 발사를 맡아서 수행하고 있다. 2025년에는 연간 100회 이상
의 발사 기록을 세우며, 사상 최대 규모를 달성했다.

스페이스X의 기업가치는 4,000억 달러(약 550조 원)로 평가되는
데, 이는 보잉(1,200억 달러)과 록히드 마틴(1,150억 달러)에 비해 3배
이상으로 월등히 높은 금액이다. 2026년 기업가치 8,000억 달러 목
표로 상장을 추진 중이다.

(2) 블루 오리진 **Blue Origin**

스페이스X의 가장 강력한 경쟁자는 아마존 창업자 제프 베조스
가 세운 블루 오리진이다. 이 회사는 스페이스X처럼 재발사 로켓**New
Shepard**과 우주여행, 그리고 달 착륙선 프로젝트 '블루문**Blue Moon**'으로
잘 알려져 있다. 2024년 블루 오리진은 NASA로부터 34억 달러 규

모의 달 착륙선 계약을 수주하며 아르테미스 프로젝트의 '두 번째 주자'로 선정되었다. 2025년 11월에는 뉴글렌 로켓의 발사와 회수에 성공하며 스페이스X의 경쟁자로 확실히 자리 잡았다. 현재 기업가치는 약 500억 달러(약 65조 원) 수준으로 평가된다.

(3) 한화에어로스페이스 Hanwha Aerospace

우리나라 역시 민관 합동으로 한국형 발사체의 연구를 계속하고 있다. 그중에서도 가장 주목할 곳은 한화에어로스페이스다.

한화에어로스페이스는 한국형 발사체 '누리호KSLV-II'의 총괄 주관사로, 발사체 엔진 및 위성 기술을 포함해 우주산업 전반에 관여되어 있다. 누리호에 탑재되는 75톤급 액체로켓 엔진 6기를 조립하며,

한화에어로스페이스 주가 추이

458개 공정을 거쳐 초정밀 제작할 수 있는 고난이도 기술을 보유하고 있다. 또한 한화그룹 내의 쎄트렉아이(위성 제작), 한화시스템(위성통신·영상분석)과 연계하여 우주산업 전반의 밸류체인(설계-발사-데이터 서비스)을 구축하고 있으며, 지속적으로 R&D에 투자하는 회사이기도 하다. 전체 매출의 대부분은 방산·항공우주 분야에서 발생하며, 2025년 역대 최대 매출을 달성했다. 최근 5년간 주가 상승률은 3,000% 이상으로, 국내 우주산업을 상징하는 기업으로 자리매김했다.

(4) 이노스페이스 INNOSPACE

'한국의 스페이스X'라 불리는 이노스페이스도 주목할 만하다.

이노스페이스 주가 추이

2017년 9월 설립된 이 스타트업은 국내 최초로 민간 독자 개발 우주 발사체 발사에 성공한 기업이다. 자체 개발한 소형 발사체 벨로나Velona를 통해 고객사의 소형 위성을 저비용으로 쏘아 올리는 상업 서비스와 위성에 탑재되는 핵심부품과 기술을 판매하고 있다. 2025년 10월에는 국내 최초로 민간 상업 발사를 위한 우주청 허가를 획득했다.

(5) 기타 국내 기업

현대자동차 그룹은 달 착륙선 개발 프로젝트에 참여하고 있고, 삼성전자와 SK하이닉스는 위성 및 우주장비에 필수적인 반도체 기술을 담당하고 있다.

우주 인터넷 관련 기업

우주 인터넷은 '지구 전역을 하나의 통신망으로 묶는' 차세대 네트워크다. 초저궤도LEO에 수천 개의 위성을 띄워 언제 어디서나 빠른 속도로 데이터를 주고받을 수 있게 한다.

(1) 스페이스X - 스타링크Starlink

우주 인터넷 분야의 절대 강자는 역시 스페이스X의 스타링크다. 2025년 10월 기준으로 1만 개 이상의 위성을 우주로 발사했으며,

스타링크를 제외한 인공위성이 15,000개 정도이니 어마어마한 숫자다.

2024년 기준 스타링크의 매출은 스페이스X 전체 매출의 60~80%를 차지하며, 2025년에는 연간 120억 달러를 돌파할 것으로 전망된다. 우리나라에서도 2025년 12월 대한항공 등 5개 항공사와 계약을 맺었고, 월 87,000원(설치비 55만 원)의 주거용 판매를 시작했다.

(2) 원웹OneWeb - 유텔셋Eutelsat

우주 인터넷과 관련된 기업이 스타링크만 있는 건 아니다. 한화시스템이 이사로도 참여했었던 영국의 위성통신기업 원웹은 2023년 프랑스의 위성방송 통신사 유텔셋과 합병하며 EU의 초저궤도 위

유텔셋 주가 추이

성통신을 대표하는 기업으로 재탄생했다. 이 회사는 프랑스 정부와 영국 정부에서 각각 약 2조 원, 2,600억 원 규모의 지분 투자를 유치하며, 안정적인 자본 확보 및 시장 수요를 가지고 있다.

현재 약 1,000기의 위성을 보유하고 있으며, 향후 수천 개로 확장할 계획이다. 유텔셋은 합병 후 유로넥스트 파리증권거래소에 상장되어 있다.

(3) 한화시스템 Hanwha Systems

국내에서는 한화시스템이 핵심이다. 군 위성사업에 집중하기 위해 2025년 6월, 원웹의 지분 5.4%를 전량 매각했다. 같은 해 열린 ADEX 2025에서는 400km 이하 초저궤도에서 지구를 관측할 수 있

한화시스템 주가 추이

는 초고해상도 합성개구레이더**SAR**의 위성 모형을 공개했다. 이 위성은 완성 시 15cm급 해상도로, 글로벌 1위 수준의 정밀도를 갖추게 된다. 또한 2025년 10월에는 제주 한화우주센터를 개관하며 발사·운영·데이터까지 통합 역량을 확장하고 있다.

(4) LIG넥스원**LIG Nex1**

방산 중심 기업인 LIG넥스원도 지켜보자. 2025년에는 '우주사업부'를 신설하고, 대전에 492억 원 규모로 위성 조립동을 준공했다. 같은 해 4월에는 3,208억 원 규모의 '천리안 위성 5호' 개발 사업도 수주하며, 위성 사업과 관련된 서비스를 점점 고도화시키고 있다.

LIG넥스원 주가 추이

(5) 인텔리안테크 **Intellian Tech**

2004년 설립된 인텔리안테크는 위성통신 안테나 분야의 글로벌 Top3 기업이다. 원웹, 텔레셋 **Telesat** 등의 글로벌 위성통신 기업에 안테나를 공급하고 있다. 2024년 기준 매출의 90% 가까이가 해외에서 발생하고 있다. R&D 투자도 활발해서 평판형 안테나 OW11FL은 스타링크에 이어 세계에서 두 번째로 상용화에 성공한 제품이다.

인텔리안테크 주가 추이

(6) 쎄트렉아이 **Satrec I**

1999년 KAIST 인공위성연구센터 연구진이 설립한 쎄트렉아이는 300~500kg급 지구 관측용 위성을 자체 개발·수출하는 기업이다.

쎄트렉아이 주가 추이

한국 최초의 위성 수출기업이자 위성 본체, 지상국 시스템, 영상분석 서비스까지 통합적인 밸류체인을 갖추고 있는 단단한 회사다. 매출은 위성 사업이 90% 이상으로, 국내외 정부기관이나 해외 수주가 중심이다. 나머지 매출은 위성영상의 판매와 영상분석이다.

2021년 한화에어로스페이스가 약 30%의 지분을 인수해 한화그룹 계열사로 편입되었고, 한화시스템과는 공동으로 초고해상도 위성 개발 프로젝트를 수행하고 있다. 참고로 위성산업은 기술 경쟁력과 시장 변동성이 큰 만큼 주가 등락 폭이 매우 크다는 점을 유념해야 한다.

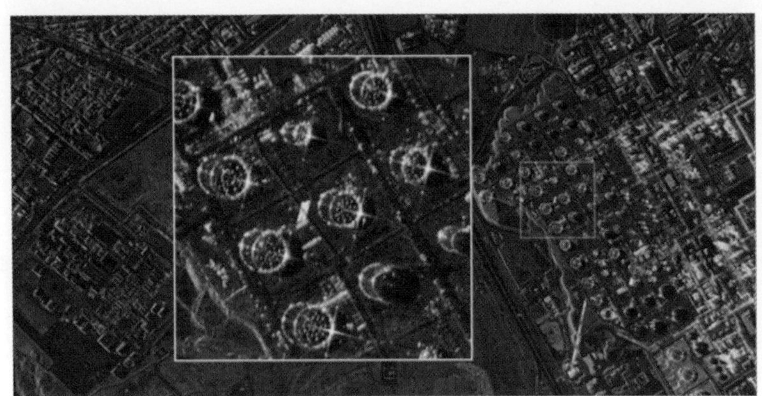

쎄트렉아이 UAE와 합작한 초고해상도 SAR 영상

미국 | **XAR** State Street SPDR S&P Aerospace & Defense ETF

투자 개요 미국 항공·방위산업의 혁신, 정책수혜 기업들을 시장평균보다 고르게 담아, 전쟁·안보·우주 테마 장기 트렌드에 선제 대응할 수 있는 ETF

구성 종목

에어로바이런먼트
크레이토스 디펜스 앤 시큐리티 솔루션즈
로켓 랩
아처 에비에이션
ATI
BWX 테크놀로지스
카펜터 테크놀로지
커티스-라이트
헌팅턴 잉걸스 인더스트리즈
RTX 등

미국 | **ITA** iShares US Aerospace & Defense ETF

투자 개요 국방·우주항공 분야의 거대 정책수혜와 고도 기술기업들을 한 바구니에 담아 '안보 + 테크' 테마에 선제투자하는 ETF

구성 종목

제너럴 일레트릭
RTX
보잉
하우멧 에어로스페이스
제너럴 다이내믹스
록히드 마틴
L3해리스 테크놀로지스
트랜스다임 그룹
노스롭 그러먼
액슨 엔터프라이즈 등

TIGER K방산&우주

투자 개요 국내 유망 방산·우주항공 기업을 담아 '국가안보 + 미래기술' 테마에 선제투자할 수 있는 ETF

구성 종목

한국항공우주
현대로템
한화에어로스페이스
LIG넥스원
한화시스템
풍산
쎄트렉아이
인텔리안테크
아이쓰리시스템
AP위성 등

PLUS 우주항공&UAM

투자 개요 국내 우주항공·위성·도심항공모빌리티(UAM) 산업을 테마로 정부정책·기술혁신 수혜기업을 폭넓게 담아 미래 모빌리티, 우주산업 성장에 선제적으로 투자하는 ETF

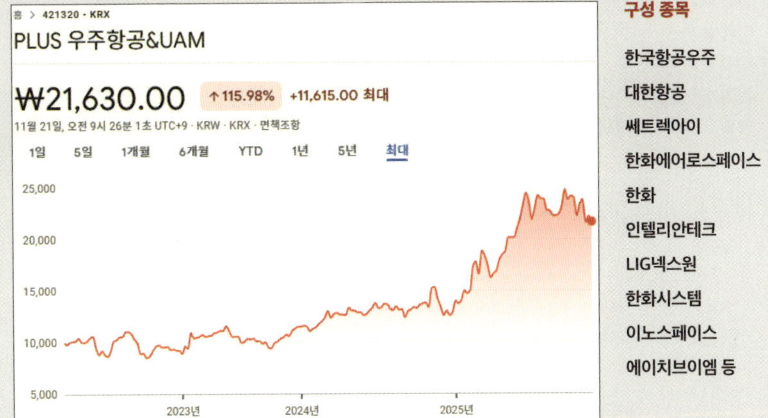

구성 종목

한국항공우주
대한항공
쎄트렉아이
한화에어로스페이스
한화
인텔리안테크
LIG넥스원
한화시스템
이노스페이스
에이치브이이엠 등

AI, 테크부터 뉴스페이스까지, 미래를 선도하는 8가지 투자 로드맵
제대로 알면 돈이 되는 IT 산업 트렌드

초판 1쇄 인쇄 2026년 1월 5일
초판 1쇄 발행 2026년 1월 10일

지은이 이임복
펴낸이 백광옥
펴낸곳 (주)천그루숲
등   록 2016년 8월 24일 제2016-000049호

주소 (06990) 서울시 동작구 동작대로29길 119
전화 0507-0177-7438 **팩스** 050-4022-0784 **카카오톡** 천그루숲
이메일 ilove784@gmail.com

기획·마케팅 백지수
인쇄 예림인쇄 **제책** 예림바인딩

ISBN 979-11-93000-83-0 (13320) 종이책
ISBN 979-11-93000-84-7 (15320) 전자책